Hélène Maggiori

Français

14/15 ANS

Chouette mode d'emploi

Bonjour,

Tu viens d'acquérir ce cahier de la collection Chouette entraînement et tu voudrais savoir ce qu'il contient et comment l'utiliser au mieux.

Se repérer dans le cahier

■ Cet ouvrage est composé :
– d'un **cahier principal** qui contient 51 unités de révision en grammaire, conjugaison, orthographe, vocabulaire et expression écrite ;
– d'un **cahier central de corrigés**, sur fond gris, qui comprend les corrigés détaillés des exercices des 51 unités de révision ; chaque corrigé est accompagné d'un commentaire pour t'aider à mieux comprendre.

■ Pour **choisir un thème de révision**, tu peux bien sûr utiliser le sommaire (à la page 3) qui t'indique tous les thèmes traités ; tu peux aussi faire une recherche plus précise grâce à l'index (aux pages 62 et 63).

Se repérer dans une unité

Voici l'unité type correspondant à un thème de révision. Elle se compose :
– de courtes **leçons** sur les points clés du cours ;
– d'une **série d'exercices** qui te permettent de t'entraîner de manière efficace.
N'oublie pas, au fil de ton travail, d'utiliser mes **« coups de pouce »** sur les exercices.

rappel de cours illustré d'exemples

exercices

coup de pouce sur un exercice

Il me reste à te souhaiter un bon travail !

© Hatier, Paris, janvier 2007　　　　　　　　　　　　　ISBN 978-2-218-92476-7

Toute représentation, traduction, adaptation ou reproduction, même partielle, par tous procédés, en tous pays, faite sans autorisation préalable est illicite et exposerait le contrevenant à des poursuites judiciaires. Réf : loi du 11 mars 1957, alinéas 2 et 3 de l'article 41. Une représentation ou reproduction sans autorisation de l'éditeur ou du Centre français d'exploitation du droit de Copie (20, rue des Grands-Augustins, 75006 PARIS) constituerait une contrefaçon sanctionnée par les articles 425 et suivants du Code pénal.

Sommaire

Grammaire

1. Distinguer **nature** et **fonction** 4
2. Distinguer les mots **variables** et les mots **invariables** 5
3. Analyser un **groupe nominal** et ses expansions 6
4. Connaître les **degrés de signification** d'un adjectif 7
5. Distinguer les **déterminants** et les **pronoms** 8
6. Analyser la structure d'une **phrase verbale simple** 9
7. Analyser la structure d'un **groupe verbal** . . . 10
8. Distinguer **complément de verbe** et **complément de phrase** 11
9. Analyser la structure d'une **phrase complexe** 12
10. Exprimer le **temps** 13
11. Exprimer la **cause** et la **conséquence** 14
12. Exprimer le **but**, distinguer but et conséquence 15
13. Exprimer l'**opposition**, la **concession** 16
14. Exprimer la **condition** 17

Conjugaison

15. Conjuguer un verbe à l'**indicatif présent** : cas difficiles du 3ᵉ groupe 18
16. Distinguer **indicatif présent** et **subjonctif présent** 19
17. Conjuguer un verbe à l'indicatif **passé simple** 20
18. Employer le **passé simple** ou l'**imparfait** . . . 21
19. Distinguer **indicatif futur** et **conditionnel présent** 22
20. Conjuguer un verbe aux **temps composés** . 23
21. Connaître les emplois du **conditionnel** et du **subjonctif** 24
22. Conjuguer un verbe à la **voix passive** 25
23. Distinguer **voix passive** et **voix pronominale** 26

Orthographe

24. Former le pluriel d'un **nom composé** 27
25. Accorder un **adjectif qualificatif** : cas difficiles 28

26. Distinguer **participe présent** et **adjectif verbal** 29
27. Accorder le **verbe** : cas des **pronoms** relatifs et personnels 30
28. Accorder le **verbe** : cas des **sujets coordonnés** par *ni*, *ou*, *comme* 31
29. Accorder un **participe passé** : règles générales 32
30. Accorder un **participe passé** suivi d'un **infinitif** 33
31. Accorder le **participe passé** d'un **verbe pronominal** 34
32. Écrire le mot *même* : adverbe, déterminant ou pronom 35
33. Distinguer *qu'elle* et *quel(le)* 36
34. Distinguer *quel que* et *quelque* 37
35. Utiliser l'**accent circonflexe** 38
36. Utiliser l'adverbe de négation *ne* 39

Vocabulaire

37. Déterminer l'**origine** d'un mot 40
38. Former des mots par **dérivation** 41
39. Distinguer **champ lexical** et **champ sémantique** 42
40. Distinguer **sens dénoté** et **sens connoté** . . . 43
41. Distinguer **synonymes**, **antonymes**, **homonymes** et **paronymes** 44
42. Distinguer **mot générique** et **mot spécifique** 45
43. Reconnaître des **figures de style** 46
44. Analyser une **image** 47

Expression écrite

45. Repérer et utiliser des **procédés de reprise** . 48
46. Appliquer la **concordance des temps** 50
47. Utiliser des **connecteurs** logiques et spatio-temporels 52
48. Identifier un **point de vue** 54
49. Distinguer **discours direct** et **indirect** 56
50. Analyser un **texte argumentatif** 58
51. Analyser un **texte informatif** et un **texte explicatif** 60

Index 62

Grammaire
1 Distinguer nature et fonction

● Les mots sont répartis en **catégories** (nom, verbe, adjectif...). Connaître la catégorie à laquelle appartient un mot, c'est pouvoir dire sa **nature**.
Lire → la nature de ce mot est « **verbe** ».
Reportage → la nature de ce mot est « **nom** ».

● Quand un mot est utilisé dans une phrase, il y joue un **rôle**. Ce rôle est sa **fonction**. Ainsi, le nom *homme* a un rôle différent dans chacune des phrases suivantes : sa fonction est donc à chaque fois différente.
– *Cet homme fait un reportage.* → le nom *homme*, à gauche du verbe, est l'être dont on parle et qui fait l'action exprimée par le verbe ; la fonction du nom *homme* est « **sujet** du verbe *fait* ».
– *J'observe cet homme.* → le nom *homme*, placé à droite du verbe qu'il complète, désigne l'être sur lequel s'exerce l'action exprimée par le verbe ; la fonction du nom *homme* est « **COD** du verbe *observe* ».

1 Est-il possible de donner la fonction de chacun des mots suivants ? *hommes – femmes – yeux – s'arrêtaient – soleil – mécaniques – tournant – dos – prendre.*
.... **Pourquoi ?** ....

2 Lis le texte suivant, puis réponds aux questions en cochant les bonnes réponses.

> Dehors, des hommes, des femmes marchaient, s'arrêtaient, repartaient. Olivier cligna des yeux dans le soleil et les vit comme des pantins mécaniques avec une clef tournant dans le dos et qui ne savent quelle direction prendre.
>
> R. Sabatier, *Les Allumettes suédoises* © Albin Michel, 1969.

a. Parmi ces mots tirés du texte de R. Sabatier, lesquels sont des noms ?
❏ hommes   ❏ des   ❏ pantins   ❏ comme   ❏ qui   ❏ direction

b. Parmi ces mots tirés du texte de R. Sabatier, lesquels sont des verbes ?
❏ marchaient   ❏ cligna   ❏ femmes   ❏ soleil   ❏ avec   ❏ prendre

c. Dans la 1re phrase, quelle est la fonction du nom *hommes* par rapport au verbe *marchaient* ?
❏ sujet   ❏ COD   ❏ complément du nom   ❏ autre fonction

d. Dans la 2e phrase, quelle est la fonction du pronom *les* par rapport au verbe *vit* ?
❏ sujet   ❏ COD   ❏ complément du nom   ❏ autre fonction

3 Place les mots suivants dans le tableau : *nom – verbe – sujet – adjectif – COD – complément du nom.*

Mots désignant une nature	Mots désignant une fonction
....	....
....	....
....	....

Le tableau doit être entièrement rempli.

2 Grammaire
Distinguer les mots variables et les mots invariables

- Il existe cinq catégories de mots **variables** (dont l'orthographe peut changer) :
  – les **noms**, les **pronoms**, les **adjectifs qualificatifs**, les **déterminants**, qui varient en genre (masculin ou féminin) et en nombre (singulier ou pluriel) ;
  – les **verbes**, qui varient en fonction de la personne, du temps, du mode, de la voix.

- Il existe cinq catégories de mots **invariables** (dont l'orthographe est stable) :
  – les **adverbes** (*puis, très, sûrement, là...*) ;
  – les **conjonctions de coordination** (*mais, ou, et, donc...*) ;
  – les **conjonctions de subordination** (*que, si, parce que...*) ;
  – les **prépositions** (*à, de, dans, par, pour, sur, devant, chez...*) ;
  – les **interjections** (*oh ! ah ! ouf ! hi ! hi ! hi !...*).

1 Indique le genre des noms en italique à l'aide d'une initiale (*f* ou *m*).

La petite *fille* (....) dort appuyée contre la *tricoteuse* (....). Un *geste* (....) brusque de sa *mère* (....) perdant ses mailles la réveille. Elle bat des *paupières* (....) et balance ses *pieds* (....) chaussés de *sandales* (....) aux semelles de bois. La maman fronce les *sourcils* (....) et le prof assis en face corrigeant ses *copies* (....) esquisse un *geste* (....) d'indulgence.

A. Saumont, « Vous auriez dû changer à Dol », in *La Guerre est déclarée et autres nouvelles* © Flammarion, 2005.

2 Indique le nombre de chacun des noms suivants, extraits du texte ci-dessus.

mailles : .... semelles : .... bois : ....

maman : .... prof : .... indulgence : ....

3 Lis le texte suivant, puis place dans le tableau les mots soulignés en indiquant, pour chacun, s'il s'agit d'un mot variable (V) ou invariable (I).

Joseph Grand était un petit employé <u>de</u> mairie [...]. Long et <u>maigre</u>, il flottait <u>au milieu de</u> vêtements qu'<u>il</u> choisissait <u>toujours</u> trop <u>grands</u> [...]. S'il gardait encore la plupart de ses <u>dents</u> sur les gencives inférieures, il avait perdu <u>en revanche</u> <u>celles</u> de la <u>mâchoire</u> supérieure.

A. Camus, *La Peste* © Gallimard, 1947.

Le tableau doit être entièrement rempli.

Noms	Pronoms	Adjectifs	Adverbes	Prépositions
....	....	....	....	....
....	....	....	....	....

4 Dans chaque série, raye l'intrus et explique ton choix.

a. dans – avec – pour – or – sur – à : ....

b. mais – ou – et – dont – or – ni – car : ....

3 Grammaire
Analyser un groupe nominal et ses expansions

• Un groupe nominal (GN) est l'ensemble formé par un nom et les mots qui l'accompagnent.

• Un **GN minimal** est constitué le plus souvent d'un nom et de son déterminant.
[Le soleil] brille.

• Un **GN étendu** est un GN minimal enrichi par des mots qui constituent des **expansions**.
[Le chaud soleil d'été qui brille ce matin, véritable invitation aux vacances,] nous réjouit.
Ces expansions sont **l'épithète** (*chaud*), **le complément du nom** (*d'été*), **la proposition subordonnée relative** (*qui brille ce matin*) et **l'apposition** (*véritable invitation aux vacances* : groupe de mots mis en apposition au GN dont il est séparé par une virgule).

1 Dans le texte suivant, souligne les expansions des GN en gras et indique s'il s'agit d'adjectifs épithètes, de compléments du nom ou de propositions relatives.

Chaque année, **la fête** municipale de Livry-Gargan, tout le monde s'y prépare longtemps
....
à l'avance. Les parents, les enfants et surtout **les commères** du quartier parce qu'à la ker-
....
messe, tu refais **ta réserve** de ragots. Y avait [...] **des groupes** de musique qui défilaient. **Des**
....
jeunes de la cité sont venus rapper. Y avait même **des filles** qui chantaient avec eux.
....

F. Guène, *Kiffe kiffe demain* © Hachette littératures, 2004.

2 Complète les proverbes, puis indique la fonction de l'expansion utilisée.

a. Au royaume ...., les borgnes sont rois. → ....

b. Après la pluie, le .... temps. → ....

c. Pierre .... n'amasse pas mousse. → ....

d. N'éveillez pas le chat .... → ....

3 Réécris la phrase en ajoutant les expansions suivantes : *émouvantes – de théâtre – qui sont adaptés au cinéma – du XIXe siècle – français*.

Victor Hugo est un écrivain. Il a écrit des poésies, des pièces et des romans.

....
....

Veille au sens de la phrase et aux accords.

4 Grammaire
Connaître les degrés de signification d'un adjectif

- Les adjectifs qualificatifs peuvent prendre différents **degrés de signification**.

Comparatif	Exemples
de supériorité	Éric est **plus sage que** Fred.
d'infériorité	Éric est **moins sage que** Fred.
d'égalité	Éric est **aussi sage que** Fred.

Superlatif	Exemples
relatif de supériorité	Éric est **le plus sage**.
relatif d'infériorité	Éric est **le moins sage**.
absolu	Éric est **très sage**.

- Le **superlatif relatif** s'emploie lorsqu'il y a une idée de comparaison (*le plus*, *le moins*) ; le **superlatif absolu** s'emploie lorsqu'on veut indiquer un degré élevé, mais sans idée de comparaison (*très*, *extrêmement*…).

1 Souligne les adjectifs au comparatif ; encadre les adjectifs au superlatif.

Les Lilliputiens estiment l'éducation des jeunes filles de la bonne société très importante. […] Les collèges de jeunes filles d'un rang plus modeste initient leurs élèves à des tâches différentes, selon leur avenir : celles qui vont en apprentissage quittent l'école à sept ans, les autres à onze ans. Les familles moins riches payent une pension annuelle aussi modique que possible. Les gens plus aisés versent pour chaque enfant une somme assez élevée. Cet argent est géré avec la plus grande honnêteté.

D'après J. Swift, *Voyages de Gulliver* (1726), trad. J. Pons © Gallimard, 1976.

2 Complète les phrases, puis indique le nom du degré utilisé.

a. L'été est une saison ………………… chaude que l'hiver. → …………………………

b. Février est le mois ………………… court de l'année. → …………………………

c. Février est un mois ………………… long que le mois de mai. → …………………………

d. En été, il fait parfois ………………… chaud. → …………………………

3 Inverse le degré de signification en gardant le même sens.

Ex : Il est plus jeune que son frère. → Il est moins vieux que son frère.

a. Il va acheter une moto plus rapide.

→ …………………………………………………………………………………………

b. Cette escalade est la plus difficile de toutes.

→ …………………………………………………………………………………………

c. Tes cheveux sont moins longs que les miens.

→ …………………………………………………………………………………………

d. Penses-tu avoir les bagages les moins lourds ?

→ …………………………………………………………………………………………

Tu dois trouver des adjectifs de sens contraire.

5 Grammaire
Distinguer les déterminants et les pronoms

- **Un déterminant forme avec le nom la base du GN**. En règle générale, il ne peut pas être supprimé. *Le visiteur regarde le tableau.* → *le* ne peut pas être supprimé.

- **Un pronom remplace le plus souvent un nom**. Il se charge du genre et du nombre du nom qu'il remplace. Il peut avoir toutes les fonctions d'un nom.
Il le regarde. → *Il* remplace *le visiteur* ; *le* remplace *le tableau*.

- On peut distinguer déterminants et pronoms homophones en observant leur position.
S'ils **précèdent un nom**, ils appartiennent au GN et sont **déterminants** : *le* magasin, *la* foule, *les* tissus, *leur(s)* cahier(s), *ce* tableau.
S'ils **précèdent un verbe**, ils sont **pronoms** : *il les* voit, *il leur* parle, *ce* sont des amis.

- Attention :
– *le, la, les*, pronoms personnels COD, peuvent jouer sur l'accord du participe passé ;
– *leur*, pronom personnel, est invariable ;
– *ce*, pronom démonstratif, s'emploie devant le verbe *être* et les pronoms *qui* ou *que*.

1 Souligne les déterminants et encadre les pronoms.

> Mouret cependant vivait dans l'angoisse ? Était-ce possible ? Cette enfant le torturait à ce point ! Toujours il la revoyait arrivant avec ses gros souliers, son air sauvage. Elle apportait tout ce qu'on trouve de bon chez la femme, le courage, la gaieté, la simplicité. On ne pouvait ne pas la voir ; bientôt le charme agissait ; on lui appartenait à jamais.
>
> D'après É. Zola, *Au bonheur des dames*, 1883.

2 Complète avec *leur* ou *leurs*, et indique dans les parenthèses la nature du mot.

a. En partant, ils emportent .... (........................) affaires.

b. Elle se tourne vers eux et .... (........................) explique tout.

c. Ces vêtements-ci sont les nôtres, ceux-là sont les .... (........................).

3 Classe les mots de la liste suivante dans le tableau : *le – la – mon – la leur – ce – cela – les – chacun – chaque – tous – leur – leurs*.

Déterminants	Pronoms
....	....
....	....
....	....

> Il y a autant de mots dans chaque colonne ; certains peuvent se placer dans les deux colonnes.

4 Raye l'intrus et justifie ton choix.

a. les – je – le sien – on – nous : ....

b. mon – cette – nos – la leur – des : ....

6 Grammaire
Analyser la structure d'une phrase verbale simple

• *Les coureurs s'élancent. Le plus jeune allonge la foulée. Le plus grand gagne.*
Cet énoncé comporte trois **phrases verbales simples** : chacune commence par une majuscule et se finit par un point, a un sens complet correct, possède une structure grammaticale convenable.

• Chaque phrase verbale simple contient **un seul verbe conjugué** (noyau du groupe verbal) qui a un sujet propre (nom, GN, pronom…).
Chacune constitue une **proposition indépendante**.

• Un groupe verbal (GV) contient un verbe (noyau du GV) mais aussi d'autres mots nécessaires à la compréhension de la phrase.
*Le plus jeune **allonge la foulée**.* → GV = V (*allonge*) + GN COD (*la foulée*).

1 Ce texte est composé de phrases verbales simples : souligne le verbe noyau du GV dans chaque phrase.

> Je descendis par un escalier obscur. Je me trouvai dans la rue. On affichait l'ouverture d'un casino […]. Une partie du bâtiment était encore en construction. J'entrai dans un atelier. Des ouvriers modelaient en glaise un animal énorme en forme de lama. Je m'arrêtai à contempler ce chef-d'œuvre. […] Le cri d'une femme me réveilla en sursaut. J'ouvris ma fenêtre. Tout était tranquille. Le cri ne se répéta plus.
>
> D'après G. de Nerval, *Aurélia*, 1855.

2 Dans le texte suivant, souligne les phrases simples exclusivement.

> Duroy, surpris, regardait Forestier. Il était bien changé, bien mûri. Il avait maintenant une allure, un costume d'homme posé, sûr de lui, et un ventre d'homme qui dîne bien. Autrefois il était maigre, mince et souple, étourdi, casseur d'assiettes, tapageur et toujours en train. En trois ans Paris en avait fait quelqu'un de tout autre, avec quelques cheveux blancs sur les tempes, bien qu'il n'eût pas plus de vingt-sept ans.
>
> G. de Maupassant, *Bel-Ami*, 1885.

Tu dois trouver trois phrases simples.

3 Dans le texte suivant, souligne les phrases verbales simples.

> « Votre corps droit. Un peu penché sur la cuisse gauche. Les jambes point tant écartées. Vos pieds sur la même ligne. Votre poignet à l'opposite de votre hanche. La pointe de votre épée vis-à-vis de votre épaule. […] La tête droite. Le regard assuré. Avancez. Le corps ferme. Touchez-moi. Remettez-vous. Redoublez de pied ferme. Un saut en arrière. Quand vous portez la botte, monsieur, il faut que l'épée parte la première, et que le corps soit bien effacé. Une, deux. Allons ! Touchez-moi, l'épée de tierce ! Achevez de même. Avancez. Le corps ferme. Avancez. Partez de là. Une, deux. Remettez-vous. Redoublez. Une, deux. Un saut en arrière. En garde, monsieur, en garde ! »
>
> Molière, *Le Bourgeois gentilhomme*, 1670.

Lorsque le verbe est à l'impératif, le sujet n'est pas formulé, il est contenu dans le verbe.

7 Grammaire
Analyser la structure d'un groupe verbal

- L'élément de base d'un groupe verbal (GV) est un **verbe conjugué**.
- À cet élément peuvent s'ajouter :
– un ou plusieurs **compléments de verbe**, introduits directement (sans préposition = **COD**) ou indirectement (avec préposition = **COI** ou **COS**) ;

	Groupe verbal (GV)			
	Verbe	COD	COI	COS
Verbe suivi d'un complément	Je lis	un livre.		
	Je pense		à mes amis.	
Verbe suivi de deux compléments	Je donne	un livre		à mon frère.
	Je parle		de mes amis	à mon frère.

– un **attribut du sujet**, lorsque le verbe conjugué est le verbe *être*, un verbe d'état (*sembler, rester, paraître*...) ou un autre verbe attributif (*être fait, être nommé*...).
Pierre est sympathique. → GV = V (*est*) + attribut du sujet (*sympathique*).

1 Dans le texte suivant, souligne les GV (verbe seul, verbe + CO, ou verbe + attribut).

> Chaque lundi matin, le brocanteur qui logeait sous l'allée étalait par terre ses ferrailles. Puis la ville se remplissait d'un bourdonnement de voix. Vers midi, au plus fort du marché, un vieux paysan de haute taille, la casquette en arrière, le nez crochu, apparaissait sur le seuil. Robelin était le fermier de Geffosses. Peu après, arrivait Liébard, le fermier de Toucques, petit, rouge et obèse ; il portait une veste grise.
> D'après G. Flaubert, « Un cœur simple », in *Trois contes*, 1877.

Vérifie bien que tu n'as pas pris un sujet inversé pour un COD.

2 Classe dans le tableau suivant les GV que tu as soulignés dans l'exercice 1.

Verbe seul	Verbe + complément(s) (COD/COI/COS)	Verbe + attribut
....	....	....
....	....	....
....	....	....

Dans un verbe pronominal, le pronom réfléchi « se » peut être CO.

3 Ajoute les GV manquants dans les proverbes suivants, et indique de quels éléments ils se composent (verbe + complément, ou verbe + attribut).

a. Qui vole un œuf, ... → ....

b. La nuit, tous les chats .... → ....

c. L'habit ne .... pas .... → ....

d. Les bons comptes .... → ....

8 Grammaire
Distinguer complément de verbe et complément de phrase

• Les **compléments de verbe** sont **essentiels**, c'est-à-dire qu'on ne peut ni les supprimer ni les déplacer : sont compléments de verbe les **COD, COI, COS, attributs du sujet**. *Je prends la pomme.* → supprimer *la pomme*, c'est rendre la phrase incompréhensible. Mais il existe d'autres compléments de verbe (ou compléments essentiels) :
– le complément essentiel de **lieu** : *Je vais à Paris.* → *Je vais* sans complément n'a pas de sens ; le GV comporte le verbe et un complément de lieu.
– le complément essentiel de **temps** : *Le cours dure une heure.*
– le complément essentiel de **manière** : *Il se conduit bien.*
– le complément essentiel de **mesure** : *Il pèse soixante-cinq kilos.*

• Les **compléments de phrase** apportent une information sur l'ensemble de la phrase, ils sont déplaçables et supprimables ; il s'agit des compléments dits **circonstanciels** (CC). ***Ce matin**, il a lu son livre **dans sa chambre**.* → *Ce matin* est un CC de temps qui complète la phrase *il a lu son livre* ; on peut le supprimer ou le déplacer, la phrase reste compréhensible. Il en est de même pour le CC de lieu *dans sa chambre*.

1 Indique, pour chaque complément de temps ou de lieu en italique, s'il s'agit d'un complément de verbe (CV) ou d'un complément de phrase (CP).

a. La passion de la jeune veuve pour le marquis dura *peu de temps*. → ....

b. *Quand il comprit ce qui se passait*, il alla *chez la voisine*. → .... / ....

c. Jeannot retrouva Colin *au bon moment*. → ....

d. Il se rendit *chez lui* et fut très heureux *là*. → .... / ....

2 Complète le tableau à partir du texte suivant (commence par relever les verbes).

> Une jeune veuve de qualité attira chez elle le jeune marquis, l'enchanta, le subjugua sans peine. Une vieille voisine proposa le mariage ; les parents, éblouis, acceptèrent avec joie la proposition : ils donnèrent leur fils unique à leur amie intime.
>
> D'après Voltaire, *Jeannot et Colin*, 1764.

Verbes	Compléments de verbe		Compléments de phrase (CC)
	COD	COI / COS	
attira	....	....	....
enchanta	....	....	....
subjugua	....	....	....
....	....	....	....
....	....	....	....
....	....	....	....

Tu dois trouver trois compléments de phrase.

9 Grammaire
Analyser la structure d'une phrase complexe

- La phrase complexe contient **deux verbes conjugués ou plus** ; elle est donc composée de **plusieurs propositions** qui peuvent être reliées par :
  – **juxtaposition**, c'est-à-dire séparées par une *virgule*, un *point virgule*, *deux points* : *Il rit, il a enfin gagné.*
  – **coordination**, c'est-à-dire reliées par une conjonction de coordination (*mais, ou, et…*) ou un adverbe de liaison (*puis, ainsi…*) : *Il rit car il a enfin gagné.*
  – **subordination**, c'est-à-dire reliées par un mot subordonnant (conjonction de subordination, mot interrogatif ou relatif) : *Il rit parce qu'il a enfin gagné.*

- Dans une phrase composée de propositions juxtaposées ou coordonnées, chaque proposition est **indépendante** des autres.
La proposition **subordonnée** commence par un mot subordonnant et complète une autre proposition, appelée **principale**, dont elle dépend.

1 Transforme chaque couple de phrases simples en une phrase complexe en suivant l'indication en italique.

a. Je me lève. Il est déjà neuf heures.

→ *(subordination)* ....

b. Je souris. Il me rend mon sourire.

→ *(coordination)* ....

c. Igor est énervé. Tout le monde le gêne.

→ *(juxtaposition)* ....

2 Lis le texte suivant, souligne les verbes conjugués, puis complète le tableau.

Le service d'Igor Beshevich commençait à six heures et l'encombrement des rues du quartier Mlanecsz l'avait déjà bien trop retardé *(a)*. La foule lambinait comme un gros serpent le long des boutiques d'écriture et de bougies ; chacun essayait tant bien que mal d'éviter les mares formées par la neige fondante dans le ruisseau *(b)*. Les femmes surtout étaient les plus lentes à force de relever leurs jupons pour qu'ils ne soient pas crottés *(c)*.

Il y a six verbes conjugués.

D'après Ph. Claudel, « Paliure », in *Les Petites Mécaniques* © Mercure de France, 2003.

Phrase du texte	Nombre de verbes conjugués	Mot ou signe reliant les propositions	Juxtaposition, coordination, ou subordination ?
(a)	....	....	....
(b)	....	....	....
(c)	....	....	....

10 Grammaire
Exprimer le temps

● Exprimer le temps, c'est situer un fait sur l'axe du temps, en précisant **quand** il a eu lieu (date) ou **pendant combien de temps** il s'est déroulé (durée).

● Dans une phrase complexe, une proposition subordonnée complément circonstanciel de temps de la principale permet de dire **l'ordre** dans lequel se succèdent faits et actions. On distingue trois cas :
– l'action principale se déroule **avant** celle exprimée dans la subordonnée : *Avant que tu ne partes, éteins la lumière.* → dans ce cas, la subordonnée est au **subjonctif** ;
– l'action principale se déroule **en même temps** que celle exprimée dans la subordonnée : *Quand tu pars, éteins la lumière.* → dans ce cas, la subordonnée est à l'**indicatif** ;
– l'action principale se déroule **après** celle exprimée dans la subordonnée : *Après que la lumière est éteinte, on voit le film.* → dans ce cas, la subordonnée est à l'**indicatif**.

1 Souligne, dans le texte suivant, tous les compléments circonstanciels de temps.

> Un après-midi, ma mère m'avait demandé si j'aimerais aller à Luna Park. [...] Quand j'y repense aujourd'hui, je crois qu'elle voulait tout simplement que je la laisse seule cet après-midi-là. [...] Pendant qu'elle me tendait un grand billet de banque, elle me dit : « Va t'amuser à Luna Park. » [...] Quand j'ai acheté le ticket, à l'entrée, le monsieur a paru surpris que je paye avec un si gros billet. Après m'avoir rendu la monnaie, il m'a laissée passer.
>
> D'après P. Modiano, *La Petite Bijou* © Gallimard, 2001.

Tu dois trouver trois propositions, deux GN, un groupe infinitif, et un adverbe.

2 Dans chaque phrase, écris le verbe de la proposition subordonnée de temps à l'indicatif ou au subjonctif, puis justifie ton choix.

a. Après que le monsieur m' *(avoir)* .... rendu la monnaie, je suis passée.

....

b. Avant que le monsieur m' *(avoir)* .... rendu la monnaie, je suis passée.

....

c. Aussitôt que le monsieur m' *(avoir)* .... rendu la monnaie, je suis passée.

....

d. Quand le monsieur m' *(avoir)* .... rendu la monnaie, je suis passée.

....

e. En attendant que le monsieur m' *(avoir)* .... rendu la monnaie, je suis passée.

....

f. Au moment où le monsieur m' *(avoir)* .... rendu la monnaie, je suis passée.

....

11 Grammaire
Exprimer la cause et la conséquence

• Exprimer la cause, c'est donner une explication ou une justification à propos d'un fait.
La **proposition subordonnée circonstancielle de cause (= causale)**, introduite par une conjonction de subordination (*parce que, comme, puisque*... + indicatif), **explique pour quel motif** s'effectue l'action exprimée par le verbe de la principale.
Le juge pleure [parce que son fils est malade]. → la causale, introduite par *parce que*, explique pour quelle raison *le juge pleure*.

• Exprimer la conséquence, c'est indiquer le résultat d'un fait évoqué.
La **proposition subordonnée de conséquence (= consécutive)**, introduite par une conjonction de subordination (*si bien que, de sorte que, si... que, tant... que, tellement... que...* + indicatif), **donne le résultat** logique du fait qui est formulé dans la principale.
Son fils est si malade [que le juge pleure]. → la consécutive *que le juge pleure* exprime le résultat du fait exprimé dans la principale *son fils est si malade*.

• Si les **propositions** sont **coordonnées**, *car* exprime la cause et *donc* la conséquence.

1 Les phrases suivantes sont constituées de deux propositions coordonnées. Indique le lien logique qui apparaît (cause ou conséquence).

a. Le client de l'hôtel est en colère car il y a du désordre dans sa chambre. → ....

b. Le temps était orageux, donc j'ai pris mon parapluie. → ....

c. Il a oublié de prendre son manteau, donc je lui en ai prêté un. → ....

d. Les rats font peur aux gens, car ils apportent la peste. → ....

2 Lis ce texte et souligne les propositions subordonnées causales.

– Vous voulez mon avis ? Ils sont malheureux parce qu'ils ne se laissent pas aller. Et je sais ce que je dis.
– Il sait en effet ce qu'il dit, ajoutait Tarrou. [...] Autant qu'il est possible, il est à l'aise dans la terreur. Mais parce qu'il a ressenti tout cela avant eux, je crois qu'il ne peut pas éprouver tout à fait avec eux la cruauté de cette incertitude. [...] Puisque lui-même a vécu dans la terreur, il trouve normal que les autres la connaissent à leur tour. Plus exactement, la terreur lui paraît alors moins lourde à porter que s'il y était tout seul.
A. Camus, *La Peste* © Gallimard, 1947.

Tu dois trouver trois propositions subordonnées causales.

3 Reprends chaque phrase complexe du texte précédent contenant une causale (soulignée) et transforme-la de façon à mettre en évidence l'idée de conséquence. Tu dois construire des propositions subordonnées.

Ex : Tous sont malades parce que la peste sévit. → La peste sévit si bien que tous sont malades.

a. ....

b. ....

c. ....

12 Grammaire
Exprimer le but, distinguer but et conséquence

- Exprimer le but, c'est dire **dans quelle intention** est faite une action.
- Dans une phrase simple, le **CC de but** est très souvent introduit par la préposition *pour*. Il choisit un livre [**pour** le lire].
- Dans une phrase complexe, la **proposition subordonnée circonstancielle de but (= finale)**, introduite par une conjonction de subordination (*pour que, afin que...* + subjonctif), indique dans quelle intention est accomplie l'action exprimée par la principale. Le père marche doucement [**pour que** son enfant puisse le suivre].
- **Différencier but et conséquence** est parfois difficile, en raison de l'utilisation du même mot introductif *pour que*.
Le père marche assez doucement **pour que** son enfant puisse le suivre. → *pour que* annoncé par *assez* ou *trop* exprime la conséquence.

1 Lis le texte et délimite par des crochets les propositions subordonnées de but.

Un peintre a pris comme modèle sa femme, qui pose pour lui des heures durant.

Pendant des mois, la pose fut ainsi pour elle une torture. La bonne vie à deux avait cessé, un ménage à trois semblait se faire, comme s'il eût introduit dans la maison une maîtresse, cette femme qu'il peignait d'après elle. [...] Il la tuait à la pose pour embellir l'autre. [...] Quelle souffrance de prêter sa chair, pour que l'autre naquît, pour que le cauchemar de cette rivale les hantât, fût toujours entre eux !

É. Zola, *L'Œuvre*, 1886.

> Une des propositions à trouver n'est pas introduite par une conjonction (pour éviter une répétition).

2 Souligne dans le texte de l'exercice 1 une phrase simple contenant un CC de but.

3 Transforme chaque couple de phrases simples en une phrase complexe contenant une principale et une subordonnée de but (attention au sens et au mode des verbes).

a. Le tableau progresse. Claude peint beaucoup.

→ ....

b. La jeune femme garde la pose. Claude la peint.

→ ....

4 Indique si la conjonction *pour que* introduit une subordonnée de but ou de conséquence.

a. Claude fait des efforts pour que le tableau soit parfait. → ....

b. Le tableau n'est pas assez beau pour que Claude soit content. → ....

c. La vie est trop pénible pour que Christine l'apprécie. → ....

d. Pour que Claude puisse la peindre, Christine pose. → ....

13 Grammaire
Exprimer l'opposition, la concession

- **Dans une phrase simple**, l'opposition est exprimée par la conjonction de coordination *mais* ou par les prépositions *sans, malgré, au lieu de...*
Malgré son goût pour la solitude, il est très souvent entouré d'amis.

- **Dans une phrase complexe** dans laquelle les propositions sont **coordonnées**, l'opposition est exprimée par la conjonction de coordination *mais* ou par un adverbe de liaison (*pourtant, néanmoins, en revanche...*).
Il est le plus souvent entouré d'amis **mais** *il aime parfois la solitude.*

- **Dans une phrase complexe** constituée d'une principale et d'une **proposition subordonnée circonstancielle d'opposition** (aussi appelée **de concession**), le fait contenu dans la subordonnée s'oppose (ou semble s'opposer) au fait exprimé par la principale. La proposition subordonnée d'opposition est introduite par une conjonction de subordination (*bien que, quoique, encore que, même si, quand bien même, tandis que...*).
Bien qu'il aime la solitude, il est très souvent entouré d'amis.

1 Dans chaque phrase, souligne l'ensemble des mots qui expriment l'opposition.

a. Même s'il ne participe pas à cette compétition, il s'y intéresse vivement.
b. La maison paraît inoccupée, mais des grincements réguliers prouvent le contraire.
c. Malgré tous ses efforts, il n'a pas gagné.

2 Transforme chaque couple de phrases simples en une phrase complexe comportant une proposition subordonnée d'opposition et une principale.

a. Je suis pressé. Je prends mon temps.
→ ....

b. La lampe reste éteinte. Il fait nuit.
→ ....

c. Il est triste au fond de lui. Il sourit à son enfant.
→ ....

3 Après avoir souligné la proposition subordonnée d'opposition, réécris le texte de façon à obtenir deux propositions coordonnées exprimant la même idée.

> Et, bien que les meilleurs morceaux ne soient pas faciles à déchirer ni à manger quand on a une dentition d'herbivore, on peut auparavant les dépecer et les émietter avec des pierres et finir de les mastiquer tant bien que mal avec les molaires.
>
> D'après R. Lewis, *Pourquoi j'ai mangé mon père* (1960), trad. Vercors et R. Barisse © Actes Sud, 1990.

Fais attention aux verbes.

....
....
....

14 Grammaire
Exprimer la condition

• La **proposition subordonnée circonstancielle de condition** (= **conditionnelle**) indique à quelle condition peut se réaliser le fait présenté dans la principale. La conditionnelle est introduite le plus souvent par la conjonction de subordination *si* (mais elle peut l'être aussi par *au cas où, à condition que, suivant que, à moins que, soit que... soit que...*).

• La **conditionnelle introduite par *si*** est **toujours à l'indicatif** tandis que la principale peut être au conditionnel ou à l'indicatif selon le sens et selon le temps employé dans la conditionnelle.
Si la mer est agitée, le bateau reste/restera au port.
→ *si* + indicatif présent = principale à l'indicatif présent ou futur (selon le sens).
Si la mer était agitée, le bateau resterait au port.
→ *si* + indicatif imparfait = principale au conditionnel présent.
Si la mer avait été agitée, le bateau serait resté au port.
→ *si* + indicatif plus-que-parfait = principale au conditionnel passé.

1 Souligne les propositions subordonnées de condition.

> Sur le penchant de quelque agréable colline bien ombragée, j'**aurais** une petite maison blanche avec des contrevents verts, si j'étais riche ; et quoique une couverture de chaume soit en toute saison la meilleure, je **préférerais** magnifiquement, non la triste ardoise, mais la tuile, parce qu'elle a l'air plus propre et plus gai que le chaume. Si quelque fête champêtre rassemblait les habitants du lieu, j'y **serais** des premiers avec ma troupe ; si quelques mariages se faisaient à mon voisinage, on **saurait** que j'aime la joie, et j'y **serais invité**.
>
> D'après J.-J. Rousseau, *Émile ou De l'éducation*, 1762.

2 À quel mode sont les verbes en gras ? ....

Pourquoi ? ....

3 Réécris la dernière phrase du texte en remplaçant « je » par « il » et en mettant les verbes en gras à l'indicatif futur. Effectue toutes les transformations nécessaires.

Si quelque fête champêtre ....

....

....

....

> Les verbes des propositions conditionnelles vont être tous modifiés.

4 Écris le verbe entre parenthèses à la forme qui convient.

a. S'ils *(venir)* ...., tu te réjouirais. – b. S'il *(faire)* .... chaud, nous irons à la piscine. – c. Si tu *(avoir)* .... des vacances, tu serais venu. – d. S'il *(être)* .... plus de vingt heures, toutes les boutiques sont fermées.

17

15 Conjugaison
Conjuguer un verbe à l'indicatif présent : cas difficiles du 3ᵉ groupe

● Les verbes du **3ᵉ groupe** ont ceci de particulier que le radical n'est pas fixe ; et, pour les **personnes du singulier**, les terminaisons les plus fréquentes (*-s*, *-s*, *-t*) ne sont pas systématiques.

● Observe ce tableau.

Cas particuliers	1ʳᵉ personne du sing.	2ᵉ personne du sing.	3ᵉ personne du sing.
pouvoir, vouloir, valoir	**-x** : je peux, je veux, je vaux	**-x** : tu peux, tu veux, tu vaux	**-t** : il peut, il veut, il vaut
verbes en *-tir* (perdent le *-t*)	**-s** : je mens	**-s** : tu mens	**-t** : il ment
verbes en *-dre*	**-ds** : je perds	**-ds** : tu perds	**-d** : il perd
verbes en *-indre* et *-soudre* (perdent le *-d*)	**-s** : je peins, je résous	**-s** : tu peins, tu résous	**-t** : il peint, il résout
battre, mettre (+ dérivés)	**-ts** : je bats, je mets	**-ts** : tu bats, tu mets	**-t** : il bat, il met
vaincre (+ dérivés)	**-cs** : je vaincs	**-cs** : tu vaincs	**-c** : il vainc
rompre (+ dérivés)	**-ps** : je romps	**-ps** : tu romps	**-pt** : il rompt

1 Dans ces vers de Paul Verlaine, écris au présent les verbes entre parenthèses.

Éloigné de vos yeux, Madame, par des soins

Impérieux (j'en *(prendre)* ……………….. tous les dieux à témoins),

Je *(languir)* ……………….. et je *(mourir)* ………………., comme c'est ma coutume

En pareil cas, et *(aller)* ………………., le cœur plein d'amertume,

À travers des soucis où votre ombre me *(suivre)* …………………….,

Le jour dans mes pensers, dans mes rêves la nuit.

P. Verlaine, « Lettre », in *Fêtes galantes*, 1869.

2 Complète le tableau suivant en conjuguant les verbes à l'indicatif présent.

	partir	craindre	convaincre	permettre
1ʳᵉ pers. sing.	………………….	………………….	………………….	………………….
3ᵉ pers. sing.	………………….	………………….	………………….	………………….
3ᵉ pers. plur.	………………….	………………….	………………….	………………….

3 Raye l'intrus.

a. résoudre – coudre – absoudre – dissoudre – éteindre.

b. éteindre – joindre – craindre – tendre – résoudre.

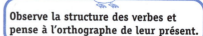

Observe la structure des verbes et pense à l'orthographe de leur présent.

16 Conjugaison
Distinguer indicatif présent et subjonctif présent

● **Aux personnes du singulier de l'indicatif présent et du subjonctif présent :**
– beaucoup de verbes ont des formes différentes : *je prends, que je prenne* ;
– les verbes du 1er groupe (et *cueillir* + 7 verbes en *-aillir*) ont des formes identiques (prononciation et orthographe) : *je chante, que je chante* ;
– 14 verbes (et leurs dérivés) ont des **formes homophones** mais des **orthographes différentes**, ce qui est source d'erreur : il faut retenir les 7 plus courants (les 7 autres sont : *acquérir, conclure, déchoir, ouïr, pourvoir, surseoir, traire*).

	asseoir	courir	croire	fuir	mourir	rire	voir
Indicatif présent	j'assois tu assois il assoit	je cours tu cours il court	je crois tu crois il croit	je fuis tu fuis il fuit	je meurs tu meurs il meurt	je ris tu ris il rit	je vois tu vois il voit
Subjonctif présent	que j'assoie que tu assoies qu'il assoie	que je coure que tu coures qu'il coure	que je croie que tu croies qu'il croie	que je fuie que tu fuies qu'il fuie	que je meure que tu meures qu'il meure	que je rie que tu ries qu'il rie	que je voie que tu voies qu'il voie

1 Souligne les verbes au subjonctif présent.

Orgon est en colère contre sa famille et surtout contre son fils.

ORGON : « Ah ! je vous brave tous, et vous ferai connaître
Qu'il faut qu'on m'obéisse et que je suis le maître.
Allons, qu'on se rétracte, et qu'à l'instant, fripon,
On se jette à ses pieds pour demander pardon. [...]
Sus, que de ma maison on sorte de ce pas,
Et que d'y revenir on n'ait jamais l'audace. »

Molière, *Le Tartuffe ou l'Imposteur*, 1664.

> Si tu hésites, remplace la forme douteuse par un verbe qui se prononce différemment au subjonctif et à l'indicatif.

2 Coche la bonne orthographe.

a. Chaque fois qu'il ❏ voie ❏ voit ce paysage, il s'extasie. – b. Bien qu'il ❏ sourie ❏ sourit, il s'ennuie. – c. Il prend un air sérieux pour qu'on le ❏ croie ❏ croit. – d. La biche effrayée ❏ fuie ❏ fuit les félins affamés.

3 Replace les verbes suivants en prenant garde au sens et à l'orthographe (utilise tous les verbes) : *disparaissaient – ait – parcoure – disparaisse – invente – voie – meure*.

Il faut que l'homme .... la destruction progressive de son environnement pour qu'il .... envie de lutter et de chercher des solutions. Albert Einstein a écrit que si les abeilles .... un jour, l'homme n'aurait plus que quatre années à vivre. Il ne faut pas que .... la beauté de la nature ni que .... l'abeille. Pour que l'humanité .... encore des millénaires, il faut qu'elle .... des remèdes durables.

17 Conjugaison
Conjuguer un verbe à l'indicatif passé simple

- Pour les verbes des 1er et 2e groupes, les terminaisons du passé simple sont stables.
1er groupe : *-ai, -as, -a, -âmes, -âtes, -èrent.*
2e groupe : *-is, -is, -it, -îmes, -îtes, -irent.*

- Les verbes du **3e groupe** se terminent par :
-is, -is, -it, -îmes, -îtes, -irent, ou *-us, -us, -ut, -ûmes, -ûtes, -urent.*
Sauf *aller, venir, tenir* et leurs dérivés.
Aller : j'allai, tu allas, il alla, nous allâmes, vous allâtes, ils allèrent.
Venir : je vins, tu vins, il vint, nous vînmes, vous vîntes, ils vinrent.
Tenir : je tins, tu tins, il tint, nous tînmes, vous tîntes, ils tinrent.

1 Écris les verbes entre parenthèses au passé simple pour obtenir le texte original.

Quand l'inspecteur *(revenir)* ...., il *(trouver)* .... Maigret campé sur le balcon [...]. Maigret *(poser)* .... le miroir debout sur la table et, à l'aide de deux chandeliers qu'il *(prendre)* .... sur la cheminée, il *(dresser)* .... vis-à-vis la feuille de papier buvard. [...]

G. Simenon, *Le Chien jaune* © 1931 Georges Simenon Limited, une société du groupe Chorion. Tous droits réservés.

2 Complète le tableau suivant en conjuguant les verbes au passé simple.

	suivre	courir	faire	devoir	finir
1re pers. sing.					
3e pers. sing.					
3e pers. plur.					

3 Raye l'intrus dans chaque série.

a. voulus – dus – venus – pus – crus.

b. posas – récupéras – crieras – erras.

Dans chaque série, un des verbes n'est pas au passé simple.

4 Réécris cette phrase au passé simple et à la 1re personne du singulier.

Arrivés au grenier, les enfants demeurent saisis d'étonnement, puis bondissent vers une vieille malle. Ils ne parviennent pas à l'ouvrir, si bien qu'ils se mettent à imaginer un trésor caché.

....

....

....

18 Conjugaison
Employer le passé simple ou l'imparfait

Pour éviter toute confusion entre imparfait et passé simple, il faut connaître les formes et le sens de chaque temps.

● **Les formes** : à la différence de celles du passé simple, les terminaisons de l'imparfait sont stables, quel que soit le verbe : *-ais, -ais, -ait, -ions, -iez, -aient*.
Seules sont **homophones** : la **1re personne du singulier** du passé simple et celle de l'imparfait des verbes du **1er groupe**.
Parler → *je parlai* (passé simple), *je parlais* (imparfait).

● **Le sens** : le passé simple exprime une action achevée, alors que l'imparfait exprime une action non achevée, qui dure ou qui se répète.
Il voyagea. → le passé simple décrit l'action de *voyager* du début à la fin.
Il voyageait. → l'imparfait envisage l'action de *voyager* dans son déroulement.

1 **Indique à quel temps sont les verbes en italique, puis justifie chaque emploi.**

a. Olivier *salua* (..........................) Mme Lucien qui *frottait* (..........................) avec son index les gencives de son bébé. – b. À l'épicerie, on *grillait* (..........................) du café et toute la rue *embaumait* (..........................).

D'après R. Sabatier, Les Allumettes suédoises © Albin Michel, 1969.

a. ....

b. ....

2 **Réécris les phrases au passé, en utilisant le passé simple ou l'imparfait, selon les cas.**

a. Pendant que je le regarde, il lit la lettre.

→ ....

b. Quand je vois la vitrine, je change soudain d'avis.

→ ....

c. Je passe chez eux chaque année.

→ ....

3 **Conjugue les verbes entre parenthèses au passé simple ou à l'imparfait, selon les cas.**

Ackroyd vient de recevoir une lettre. Il refuse de la lire devant le narrateur.

Ackroyd *(être)* .... fort entêté ; plus on le *(pousser)* ....
à accomplir un acte, plus il s'y *(refuser)* .... […] La main sur la
poignée de la porte, j'*(hésiter)* .... et *(regarder)* ....
en arrière. […] Je *(sortir)* .... en hochant la tête et je *(fermer)*
.... la porte derrière moi.

A. Christie, Le Meurtre de Roger Ackroyd, trad. M. Dou-Desportes © Le Masque, 1927.

> Quand tu as un doute sur un verbe à la 1re personne du singulier, essaie la 2e personne du singulier.

19 Conjugaison
Distinguer indicatif futur et conditionnel présent

● **Les formes** de l'indicatif futur et celles du conditionnel présent ont en commun un radical terminé par la consonne -r mais diffèrent par leurs terminaisons.
Indicatif futur : -ai, -as, -a, -ons, -ez, -ont (terminaisons proches du verbe *avoir* au présent : *j'ai, tu as*...). **Je prendrai**, tu prendras, il prendra, nous prendrons, vous prendrez, ils prendront.
Conditionnel présent : -ais, -ais, -ait, -ions, -iez, -aient (mêmes terminaisons qu'à l'indicatif imparfait). **Je prendrais**, tu prendrais, il prendrait, nous prendrions, vous prendriez, ils prendraient.
Il faut se méfier des **formes homophones à la 1re personne du singulier**.

● **Le sens diffère** : le futur évoque l'avenir par rapport au présent ; le conditionnel évoque l'incertitude, l'éventualité, et sert aussi à exprimer le futur dans le passé (par rapport à un repère passé).
Je dis que tu viendras. → *tu viendras* (futur) décrit une action à venir par rapport au présent *je dis*.
Je disais que tu viendrais. → *tu viendrais* (conditionnel) évoque une action à venir par rapport au repère passé *je disais*.

1 Conjugue les verbes entre parenthèses à l'indicatif futur ou au conditionnel présent.

Je commence mon journal. [...] Ah ! que je n'*(aimer)* .... pas que quelqu'un lise mon journal. [...] J'ai numéroté les pages. Je me demande ce que j'*(avoir)* .... à la page 100. [...] À partir de février, je dois aller au lycée clandestin. [...] Mais ne pense pas, mon cher journal, que je t'*(abandonner)* .... pour autant ! Sûrement pas. Je n'*(avoir)* .... jamais de plus grand ami que toi. Toi, tu es l'Ami, journal !

W. Przybylska, *Journal de Wanda* (1942-1944), trad. Z. Bobowicz © Cana, 1981.

> Mets le verbe à la 2e personne du singulier pour distinguer les formes homophones.

2 Réécris les phrases suivantes en remplaçant « Il dit : » par « Il disait que ».

a. Il dit : « Je sortirai le chien. » → ....
b. Il dit : « Il fera beau tout l'été. » → ....
c. Il dit : « Il pleuvra demain. » → ....

3 Coche la bonne orthographe.

a. S'il essaie de prendre mon sac, je ☐ **crierai** ☐ **crierais**. – b. Je lui avais promis que je lui ☐ **enverrai** ☐ **enverrais** de l'argent. – c. Si tout allait bien, je ☐ **pourrai** ☐ **pourrais** te rejoindre vite. – d. Demain, dès l'aube, à l'heure où blanchit la campagne, je ☐ **partirai** ☐ **partirais**.

20 Conjugaison
Conjuguer un verbe aux temps composés

• Un verbe conjugué à un temps composé est constitué de l'**auxiliaire** (*avoir* ou *être*) à un temps simple et du **participe passé (p.p.)** de ce verbe.

• Il existe **quatre temps composés**.

Temps composé	Composition verbale	Exemples
passé composé	présent de l'auxiliaire + p.p.	*tu as pris ; il est parti*
plus-que-parfait	imparfait de l'auxiliaire + p.p.	*tu avais pris ; il était parti*
futur antérieur	futur de l'auxiliaire + p.p.	*tu auras pris ; il sera parti*
passé antérieur	passé simple de l'auxiliaire + p.p.	*tu eus pris ; il fut parti*

1 Lis le texte et souligne les verbes conjugués à un temps composé.

> Beaucoup plus tard, par le capitaine de Victor lui-même, Félicité connut les circonstances de la fin de son neveu. On l'avait trop saigné à l'hôpital, pour la fièvre jaune. Quatre médecins le tenaient à la fois, il était mort immédiatement.
> Félicité ne voulut pas revoir les parents de Victor, pensant qu'ils avaient toujours traité leur fils avec barbarie.
>
> D'après G. Flaubert, « Un cœur simple », in *Trois contes*, 1877.

Tu dois souligner trois verbes.

2 À quel temps sont les verbes que tu as soulignés ? ....

3 Complète le tableau suivant à la 3ᵉ personne du singulier.

Présent	....	Passé composé	....
Imparfait	....	....	....
Futur	....	Futur antérieur	....
....	elle connut	Passé antérieur	....

4 Sans changer de personne, conjugue chaque verbe au temps demandé.

a. Tu soulignes → passé composé : ....

b. Nous prendrons → futur antérieur : ....

c. Ils mettaient → plus-que-parfait : ....

d. Il vint → passé antérieur : ....

e. Je courrai → futur antérieur : ....

21 Conjugaison
Connaître les emplois du conditionnel et du subjonctif

- Le **conditionnel** est utilisé :
– pour exprimer une hypothèse : *Je **prendrais** volontiers des vacances hors saison.*
– pour atténuer un propos : *Je **voudrais** une pomme, s'il vous plaît.*
– pour exprimer le futur dans le passé, dans le discours indirect : *Il disait qu'il **viendrait** à Noël.*

- Le **subjonctif** est utilisé :
– dans une proposition indépendante exprimant le souhait *(qu'il **puisse** t'entendre !)*, l'ordre *(qu'il **vienne** ici !)*, l'hypothèse *(**soit** la distance AB...)* ;
– dans une proposition subordonnée complétive, après un verbe de volonté *(exiger que, défendre que...)*, ou de sentiment *(craindre que, aimer que...)* : *Je veux que tu **viennes**.* (volonté) / *Je suis surpris que tu **sois** en avance.* (sentiment) ;
– après certaines conjonctions de subordination : *avant que, en attendant que, jusqu'à ce que, bien que, quoique, afin que, pour que, à condition que, pourvu que, à moins que...*

1 Lis le texte et souligne les verbes au conditionnel.

> Nous tentions de résoudre seuls nos problèmes. Nos parents appartenaient à un autre monde ; ils ne nous auraient pas compris ou se seraient refusés à nous prendre au sérieux. Un jour alors que nous étions arrêtés devant chez moi, je pensai que Conrad n'avait jamais vu ma chambre, de sorte que je lui dis : « Pourquoi n'entrerais-tu pas ? » Il hésita une seconde, puis me suivit.
>
> D'après F. Uhlman, *L'Ami retrouvé*, trad. L. Lack © Gallimard, 1978.

2 Réécris la deuxième phrase en mettant les verbes au présent.

Nos parents ....
....
.... sérieux.

Tous les modes ont un présent.

3 Mets le verbe entre parenthèses au mode et au temps qui conviennent.

a. Le chef ordonne que les troupes *(faire)* .... demi-tour. – b. *(Avoir)* ....-vous l'amabilité d'ouvrir la fenêtre ? – c. Si sa mère l'avait voulu, il *(partir)* .... en vacances. – d. J'ai très peur que tu me *(croire)* .... coupable. – e. S'il veut partir avec nous, qu'il *(être)* .... à l'heure !

4 Remplace « Il dit » par « Il veut » et fais les modifications nécessaires.

a. Il dit que tu pars très tôt le matin et que tu cours toujours pour conserver la forme.

→ Il veut ....

b. Il dit que tu as de l'argent.

→ Il veut ....

22 Conjugaison
Conjuguer un verbe à la voix passive

- Les voix sont les formes que prend le verbe pour exprimer le rôle du sujet dans une action.
Quand la **voix** est **active**, celui qui fait l'action, le sujet, est mis en relief.
Le chat observe la souris. → le sujet *le chat* fait l'action d'*observer*.
Quand la **voix** est **passive**, celui qui subit l'action, devenant sujet, est mis en relief.
La souris est observée par le chat. → le sujet *la souris* subit l'action d'*observer* exercée par *le chat*.

- La voix passive se construit avec l'**auxiliaire *être*** (qui se charge des marques de temps et de mode) et le **participe passé du verbe conjugué**, qui s'accorde avec le sujet.
Elle sera observée. → *sera* = indicatif futur ; *sera observée* = indicatif futur passif du verbe *observer*.
Seuls les verbes transitifs directs (ceux qui ont un COD à la voix active) peuvent se mettre au passif.

1 Encadre les verbes employés à la voix active et souligne leurs sujets.

> Autour de la place, une population, originaire de plusieurs communautés, habite toutes les maisons. Leurs existences se sont toujours entremêlées. [...] À cause des incidents de ces derniers jours, ils évitent les rencontres. Ils craignent des affrontements.
> Derrière leurs volets clos, pour le moment, ils font de beaux rêves. C'est ainsi que les choses avaient été prévues par Ammal et Myriam.
>
> D'après A. Chedid, *La Maison sans racines* © Flammarion, 1985.

2 Quel verbe est utilisé à la voix passive dans le texte de l'exercice 1 ? ....

Justifie ta réponse. ....

3 Réécris le texte, de « À cause des incidents » à « affrontements », en mettant les verbes au passif et en effectuant les transformations nécessaires.

À cause des incidents ....

....

4 Réécris à l'actif la phrase dont le verbe est au passif. Fais les modifications nécessaires.

....

5 Transforme les phrases en mettant les verbes au passif.

a. Ce soir-là, la musique m'avait happé.

→ ....

b. Des guetteurs répercuteront la nouvelle.

→ ....

Attention au temps des verbes.

23 Conjugaison
Distinguer voix passive et voix pronominale

● Il est difficile de faire la distinction entre les temps simples des verbes à la voix passive et les temps composés des verbes à la voix pronominale. Pour faire la différence, tu dois te demander si le sujet fait l'action ou s'il la subit.
– **Si le sujet fait l'action et si un pronom personnel réfléchi précède le verbe**, le verbe conjugué avec l'auxiliaire *être* est à un temps composé de la voix pronominale : *Ils se sont regardés.* → passé composé du verbe *regarder* à la voix pronominale.
– **Si le sujet subit l'action**, le verbe conjugué avec l'auxiliaire *être* seul (sans pronom personnel réfléchi) est à un temps simple de la voix passive : *Les dessins animés sont regardés par les enfants.* → présent du verbe *regarder* à la voix passive.
● Attention également aux verbes intransitifs comme *aller, arriver, demeurer, descendre, devenir, entrer, mourir*... qui forment leurs temps composés avec l'auxiliaire *être*. *Cette actrice est devenue célèbre.* → passé composé du verbe *devenir* à la voix active.

1 Lis le texte et souligne tous les verbes conjugués avec l'auxiliaire *être*.

Quand Bojenka permit à son ogre de mari de lâcher ses torchons, il s'est écroulé et s'est endormi. Alors, profitant de son sommeil, Bojenka a fabriqué une femme en pain d'épice, puis s'est cachée. Quand l'ogre s'est réveillé, il s'est précipité à la cuisine et a mangé celle qui n'était pas son épouse mais la femme de pain d'épice.
Pendant huit jours, l'ogre fut ainsi nourri de femmes en pain d'épice. Quand Bojenka se montra, il lui demanda : « Pourquoi n'es-tu pas partie ? » En pleurant, Bojenka cria : « Ne vois-tu pas que je t'aime ? Ne serai-je pas aimée en retour ? »

D'après Luda, « Comment l'ogre est devenu végétarien », in *365 contes de gourmandise*, Giboulée
© Gallimard Jeunesse, 1999.

Tu dois souligner huit verbes.

2 Classe dans le tableau les verbes que tu as soulignés.

Verbe à la voix passive à un temps simple	Verbe pronominal à un temps composé	Verbe intransitif à un temps composé
....	....	....
....	....	....
....	....	....

3 Réécris chaque phrase en mettant le verbe au temps demandé.

a. Elle est honorée par votre présence.

→ *(passé composé)* ....

b. Je suis surpris par ta réaction.

→ *(plus-que-parfait)* ....

c. Étais-tu venue en avion ?

→ *(imparfait)* ....

24 Orthographe
Former le pluriel d'un nom composé

- Les noms composés écrits **en un seul mot** forment leur pluriel comme des noms simples : *un portefeuille, des portefeuilles.* **Mais** il y a des exceptions : *monsieur, messieurs ; mademoiselle, mesdemoiselles…*

- Les noms composés écrits **en plusieurs mots** forment leur pluriel **selon la nature** des mots qui les constituent :
– verbes, prépositions et adverbes ne prennent jamais la marque du pluriel :
*un porte-avions, des **porte**-avions* (verbe *porter*) ; *un avant-goût, des **avant**-goûts.*
– noms et adjectifs prennent la marque du pluriel : *un chou-fleur, des choux-fleurs ; un coffre-fort, des coffres-forts ; un sourd-muet, des sourds-muets.*

- Attention, dans le cas d'un mot composé de deux noms, seul le premier nom se met au pluriel si le deuxième nom est complément du premier : *une pomme de terre, des pommes de terre ; une boîte de conserve, des boîtes de conserve* (*terre* et *conserve* restent invariables). Ce type de nom composé s'écrit le plus souvent sans tiret (mais il y a des exceptions : *des arcs-en-ciel, des timbres-poste*).

1 Lis le texte et écris correctement les noms composés entre parenthèses.

C'était un taureau, que cachait le brouillard. Ses sabots battaient l'herbe de la prairie. Félicité se retourna, et elle arrachait à deux mains des *(plaque de terre)* .... qu'elle lui jetait dans les yeux. <u>Madame</u> Aubain, au bout de l'herbage avec ses deux petits, cherchait éperdue comment franchir le haut bord. Félicité continuellement lançait des *(motte de gazon)* .... Le taureau finit par l'acculer contre <u>une claire-voie</u>.

D'après G. Flaubert, « Un cœur simple », in *Trois contes*, 1877.

2 Mets au pluriel les deux mots soulignés dans le texte de Flaubert.

a. madame → .... b. une claire-voie → ....

3 Accorde les noms composés entre parenthèses.

a. Tu conserves les *(timbre-poste)* .... que t'ont offerts tes *(grand-oncle)* .... dans de véritables *(chambre-forte)* .... – b. Tous les *(après-midi)* ...., nous ouvrons les *(porte-fenêtre)* .... – c. Quand les *(bonhomme)* .... de neige ont fondu, les *(perce-neige)* .... poussent.

4 Dans chaque série, raye l'intrus.

a. plate-forme – haut-fond – petite-nièce – rond-point – avant-garde.
b. réveille-matin – porte-monnaie – porte-fenêtre – perce-oreilles.

Mets les mots au pluriel.

27

25 Orthographe
Accorder un adjectif qualificatif : cas difficiles

L'adjectif qualificatif s'accorde en genre et en nombre avec le nom auquel il se rapporte. **Certains adjectifs qualificatifs restent** toutefois **invariables**.

● **Les adjectifs de couleur dérivés d'un nom** : *orange, marron, bordeaux, cerise*…
Mais : *mauve, fauve, rose, pourpre, incarnat, écarlate*, s'accordent en genre et en nombre.

● **Les adjectifs de couleur formés de deux mots** : *ses yeux vert amande* ; *les chaussures gris clair*. Les adjectifs de couleur *vert* et *gris* sont déterminés par un nom (*amande*) ou un adjectif (*clair*), ils restent donc invariables.

● **Les adjectifs** *bon, cher, court, droit, dur, fort, haut*… **utilisés comme adverbes** après certains verbes : *ces vestes coûtent cher* ; *elles parlent fort*.
Mais : *ces vestes sont chères* ; *ces voix sont fortes*.

● **Les adjectifs** *demi, semi, mi* **et** *nu* **placés à gauche d'un nom ou d'un adjectif** et reliés par un trait d'union : *tu mets tes nu-pieds* ; *tu restes une demi-heure*.
Mais : *tu as les pieds nus* ; *viens dans une heure et demie*.

1 Lis le texte et complète, si nécessaire, les mots en italique.

– Il est deux heures et *demi*…., souffle Robert qui a eu le temps de vérifier l'heure. Le commandant arrive, ne bougez plus, tenez *bon*…..

On l'aperçoit au loin, la casquette *vert*…. *foncé*…. à tête de mort vissée sur le crâne. Il est vêtu d'un épais manteau et porte des bottes *marron*…. *foncé*…..

– Je voulais seulement vous souhaiter une bonne nuit. [...]

– Il est trois heures trente, crie le kapo. Vous avez encore une *demi*….-heure de sommeil.

D'après J.-P. Vittori, *Les Sabots : 1944-1945* © Nathan, 2003.

2 Coche la bonne orthographe.

a. Les meilleurs athlètes sont souvent très ☐ **fort** ☐ **forts** dans différents sports.
b. Ils avaient les bras ☐ **nu** ☐ **nus** malgré le froid.
c. Ils sont restés tout ☐ **droit** ☐ **droits** pendant l'appel.
d. Ils étaient ☐ **demi-** ☐ **demie-**nus dans la neige et le vent glacial.

L'adjectif reste invariable dans une seule phrase.

3 Complète les phrases avec les adjectifs suivants et fais les accords nécessaires :
orange – kaki – bleu, blanc, rouge – pourpre – vert olive.

a. Il a mélangé du rouge et du jaune pour peindre des fruits ………………………. – b. Les vêtements des soldats sont ………………………. et non ………………………. – c. Les sénateurs romains portaient des bandes ………………………. au bas de leurs toges blanches. – d. Des drapeaux français ………………………. flottent sur l'ambassade.

26 Orthographe
Distinguer participe présent et adjectif verbal

*Les chiens obéiss**ant** à leurs maîtres sont très obéiss**ants**.*

● Le **participe présent** est une forme verbale **invariable** qui peut avoir un sujet et être suivie de compléments. *Les chiens obéissant à leurs maîtres...* → *obéissant*, participe présent, exprime une action et se trouve suivi d'un COI, *à leurs maîtres*.

● L'**adjectif verbal, variable**, s'accorde en genre et en nombre avec le nom qu'il complète ; il revêt les fonctions d'un adjectif qualificatif. *Les chiens sont très obéissants.*
→ *obéissants*, adjectif verbal, décrit un état, il est attribut du sujet *les chiens* ;
il est précédé de l'adverbe *très*, ce qui n'est pas possible avec le participe présent.

● Certains adjectifs verbaux ont une orthographe différente de celle du participe présent.
– Les verbes en **-quer** et **-guer** ont leur participe présent en **-quant** et **-guant** et leur adjectif verbal en **-cant** et **-gant** : *fati**guant*** (p. prés.), *fati**gant*** (adj. verbal) ; *commun**iquant*** (p. prés.), *commun**icant*** (adj. verbal).
– Certains verbes ont leur participe présent en **-ant** et leur adjectif verbal en **-ent** : *excell**ant*** (p. prés.), *excell**ent*** (adj. verbal).

1 Lis le texte et place les mots en gras dans le tableau ci-dessous.

> Strauss, très **souriant**, traita longuement de la théorie et des techniques de la neurochirurgie, **exposant** en détail ses premières études, **décrivant** mon état physique [...]. **Attendant** patiemment, moi, j'étais là comme un élément **faisant** partie d'une communication scientifique. Enfin, ce fut au tour de l'**excellent** Nemur, **parlant** comme l'auteur d'un **brillant** exploit : « On pourrait dire que Charlie n'existait pas réellement avant cette expérience. » Je ne sais pourquoi cela m'irrita d'entendre parler de moi comme d'un être **différent**, **équivalant** à un article fabriqué dans leur usine privée.
>
> D'après D. Keyes, *Des fleurs pour Algernon*, trad. G. H. Gallet © J'ai lu, 1972.

Participes présents	Adjectifs verbaux
....	....
....	....
....	....

2 Complète les mots en italique.

a. Les jeunes enfants sont *fatig*........... – b. *Adhér*........... à votre thèse, nous acceptons vos propositions. – c. Ils sont bien *différ*........... ces temps-ci. – d. Ces chiens *err*........... dans la rue font peur.

Deux des mots à compléter sont des adjectifs verbaux qui ne s'écrivent pas comme le participe présent.

3 Raye l'intrus dans chaque liste.

a. suffocant – provoquant – communiquant – zigzaguant.
b. concluant – confiant – remuant – abritant – brillant.

27 Orthographe
Accorder le verbe : cas des pronoms relatifs et personnels

- Si le **sujet** est un **pronom relatif**, le verbe se met à la même personne que l'antécédent.
*C'est moi qui **suis** en retard.* → *suis* prend la personne de son sujet *qui*, pronom relatif remplaçant *moi* = 1re personne du singulier.

- Si le **sujet** est **composé de personnes différentes** :
– la 1re personne l'emporte sur la 2e et la 3e :
*Toi et moi **sommes** de bons amis.* → 2e pers. + 1re pers. = verbe à la 1re pers. du pluriel.
*Sonia et moi **jouons** au tennis.* → 3e pers. + 1re pers. = verbe à la 1re pers. du pluriel.
– la 2e personne l'emporte sur la 3e :
*Sonia et toi **jouez** au tennis.* → 3e pers. + 2e pers. = verbe à la 2e pers. du pluriel.

1 Souligne l'antécédent de chaque pronom relatif en gras, puis mets les verbes entre parenthèses à l'imparfait.

Durant la Seconde Guerre mondiale, une femme dénonce son mari, mourant, aux S. S. (militaires allemands), pour sauver le narrateur et son complice.

Des belles femmes **qui** *(faire)* .... pousser des cornes à leur mari, les S. S. en voyaient tous les jours, mais une **qui** *(vouloir)* .... s'en débarrasser en le faisant exécuter pour terrorisme, ils demandaient à voir de près. L'homme, sur son lit de mort, a confirmé, il était le seul responsable. Les schleus l'ont fusillé avec ses pansements **qui** *(voler)* .... sous les balles. C'est nous **qui** l'*(avoir)* .... tué cet homme et c'est lui **qui** nous *(sauver)* .... la vie.

D'après M. Quint, *Effroyables jardins* © Joëlle Losfeld, 2000.

2 Ajoute le pronom personnel singulier manquant.

a. Marc, Éric et .... partirez tous les trois demain. – **b.** Ton frère et .... partirons bientôt en tandem. – **c.** Toi et .... observez les oiseaux.

3 Mets les verbes entre parenthèses au présent en faisant les accords nécessaires.

a. Tu es le premier qui ne *(dire)* .... pas bonjour en arrivant. – **b.** Passe par l'une des routes qui *(mener)* .... à Rome ! – **c.** Tes amis et toi *(faire)* .... une belle randonnée. – **d.** C'est Karin, toi et moi qui *(être)* .... les premiers.

4 Réécris le texte en remplaçant « lui » par « moi ».

Ce n'est pas lui qui t'a raconté cette histoire mais c'est pourtant lui qui en est le héros. Toi et lui avez ainsi quelque chose en commun.

....

....

28 Orthographe
Accorder le verbe : cas des sujets coordonnés par *ni, ou, comme*

- **Cas des sujets coordonnés par *ou***
  – Le verbe est au **pluriel** quand les deux sujets coordonnés forment un ensemble. *La maladie ou la fatigue l'**arrêteront**.* → la *maladie*, ou la *fatigue*, ou les deux en même temps.
  – Le verbe est au **singulier** quand existe une séparation, une opposition entre les deux sujets coordonnés. *Sa force ou sa faiblesse **était** sensible selon les époques.* → soit c'était sa *force* qui était sensible, soit c'était sa *faiblesse*, mais non pas les deux à la fois.

- **Cas des sujets coordonnés par *ni... ni***
  – Le verbe est au **pluriel** quand les deux sujets coordonnés forment un ensemble. *Ni ton frère ni ta sœur ne **viendront**.* → tous deux sont concernés par l'action décrite par le verbe.
  – Le verbe est au **singulier** si le deuxième sujet englobe le premier. *Ni son père ni personne ne **pourra** le faire changer d'avis.*

- **Cas des sujets coordonnés par *ainsi que, comme, avec***
  Le verbe se met au singulier ou au pluriel, **selon l'intention** :
  *Ton frère ainsi que ta sœur **est** là.* → on insiste sur la présence de *ton frère*.
  *Ton frère ainsi que ta sœur **sont** là.* → on insiste autant sur *ton frère* que sur *ta sœur*.

1 Écris au présent les verbes entre parenthèses en faisant les accords qui conviennent.

a. Ni la mer ni le soleil ne lui *(permettre)* .... de retrouver la santé.

b. Ni la musique douce ni aucun bruit ne *(pouvoir)* .... le déranger.

c. Les punitions ainsi que les menaces ne l'*(impressionner)* .... plus.

2 Justifie les accords sujet-verbe.

a. Pierre ou Philippe me rejoindra à la piscine. → ....
....

b. Cet homme avec sa femme sont entrés chez le bijoutier. → ....
....

3 Écris à la forme qui convient les verbes entre parenthèses et souligne leur(s) sujet(s).

Jacques trouvait qu'il avait beaucoup à faire : baignade, sport ou lecture d'illustrés lui *(prendre)* .... déjà beaucoup de temps. Pour sa grand-mère, c'était « ne rien faire ». Le plus simple était de lui trouver un emploi. [...] Dans les petites annonces de la presse, commis ou coursier *(pouvoir)* .... trouver un emploi. Mais les employeurs demandaient toujours que le candidat ou la candidate *(avoir)* .... au moins quinze ans.

> Un des verbes est au subjonctif imparfait.

D'après A. Camus, *Le Premier homme* © Gallimard, 1994.

29 Orthographe
Accorder un participe passé : règles générales

- Un participe passé **utilisé seul** suit les règles d'accord d'un adjectif qualificatif :
*Tu regardes les **livres** class**és** par ordre alphabétique.*
Mais : *ci-joint, mis à part, y compris, non compris, attendu, vu, étant donné, ci-inclus*, placés devant le groupe nominal, restent invariables (*ci-joint les papiers demandés*).

- Le participe passé d'un verbe conjugué **avec l'auxiliaire *être*** s'accorde avec le sujet :
Les livres *sont class**és** par taille.*

- Le participe passé d'un verbe conjugué **avec l'auxiliaire *avoir*** est invariable :
Les professeurs *ont donn**é** des devoirs très longs aux élèves.*
Mais si le verbe a un COD placé à sa gauche, le participe passé s'accorde avec ce COD :
*Les **devoirs** que le professeur a donn**és** aux élèves sont très longs.* → Le participe passé s'accorde avec le COD *que*, placé à gauche du verbe, qui a pour antécédent *devoirs*.

1 Lis le texte et accorde les participes passés si nécessaire.

Johann August Suter avait *réalisé*...... son plan méthodiquement. [...] Les hommes de troupe, *racolé*...... dans les bars d'Honolulu, s'étaient *marié*...... avec des femmes californiennes qui les avaient *accompagné*...... dans tous leurs déplacements. [...] Il n'était pas rare de voir des Blancs venir se présenter à la ferme, *attiré*...... par la renommée de l'établissement.

D'après B. Cendrars, *L'Or* © Denoël, 1925.

2 Place ces participes passés (p.p.) dans le tableau suivant et vérifie tes accords.

p.p. = adjectifs qualificatifs	p.p. avec auxiliaire *être*	p.p. avec auxiliaire *avoir* (COD à droite)	p.p. avec auxiliaire *avoir* (COD à gauche)
....	....	....	....
....	....	....	....

3 Mets les verbes entre parenthèses au passé composé.

a. La ferme qu'il *(réaliser)* .... est la Nouvelle-Helvétie. – **b.** Des fraises, tu en *(manger)* .... beaucoup. – **c.** C'est la découverte de l'or qui les *(ruiner)* .... – **d.** Des Blancs *(venir)* .... à la ferme. – **e.** Elles *(accompagner)* .... leurs maris.

> N'oublie pas de faire les accords.

4 Ajoute l'expression *ci-joint* dans les phrases suivantes. Fais les accords éventuels.

a. Vous lirez les documents .... – **b.** .... des documents que vous voudrez bien lire. – **c.** Les feuilles .... devront être remplies.

Corrigés

1 Grammaire — Nature et fonction

1 Est-il possible de donner la fonction de chacun des mots suivants ?
hommes – femmes – yeux – s'arrêtaient – soleil – mécaniques – tournant – dos – prendre.
Non. Pourquoi ? Parce que ces mots ne sont pas utilisés dans une phrase.

● Un mot remplit une fonction s'il « fonctionne » avec d'autres mots ! Seul, il n'a pas de « fonction ».

2 Lis le texte suivant, puis réponds aux questions.
a. Parmi ces mots tirés du texte de R. Sabatier, lesquels sont des noms ?
☑ hommes ☐ des ☑ pantins ☐ comme ☐ qui ☑ direction
b. Parmi ces mots tirés du texte de R. Sabatier, lesquels sont des verbes ?
☑ marchaient ☑ cligna ☐ femmes ☐ soleil ☐ avec ☑ prendre
c. Dans la 1re phrase, quelle est la fonction du nom *hommes* par rapport au verbe *marchaient* ?
☑ sujet ☐ COD ☐ complément du nom ☐ autre fonction
d. Dans la 2e phrase, quelle est la fonction du pronom *les* par rapport au verbe *vit* ?
☐ sujet ☑ COD ☐ complément du nom ☐ autre fonction

● Un nom est souvent précédé d'un déterminant.
● Un verbe peut changer de personne, de temps, de mode, de voix.
● Ce sont *des hommes* qui font l'action de *marcher*.
● Le pronom *les* remplace *des hommes, des femmes*.

3 Place les mots suivants dans le tableau : *nom – verbe – sujet – adjectif – COD – complément du nom.*

Mots désignant une nature	Mots désignant une fonction
nom	sujet
verbe	COD
adjectif	complément du nom

● Les différentes natures sont revues dans l'unité 2, les différentes fonctions dans les unités 7 et 8.

2 Grammaire — Mots variables et invariables

1 Indique le genre des noms en italique à l'aide d'une initiale (*f* ou *m*).
La petite *fille* (f) dort appuyée contre la *tricoteuse* (f). Un *geste* (m) brusque de sa *mère* (f) perdant ses mailles la réveille. Elle bat des *paupières* (f) et balance ses *pieds* (m) chaussés de *sandales* (f) aux semelles de bois. La maman fronce les *sourcils* (m) et le prof assis en face corrigeant ses *copies* (f) esquisse un *geste* (m) d'indulgence.

● C'est le déterminant qui permet de connaître le genre du nom ; il faut donc parfois formuler le mot au singulier précédé d'un article pour connaître son genre (*ses copies*, **une** *copie*).

2 Indique le nombre de chacun des noms suivants.
mailles : pluriel   semelles : pluriel   bois : singulier
maman : singulier   prof : singulier   indulgence : singulier

● Les noms prennent une marque spécifique au pluriel (*s*, *x*) ; il y a des exceptions : c'est le cas de *bois*.

3 Place dans le tableau les mots soulignés.

Noms	Pronoms	Adjectifs	Adverbes	Prépositions
dents (V)	il (V)	maigre (V)	toujours (I)	de (I)
mâchoire (V)	celles (V)	grands (V)	en revanche (I)	au milieu de (I)

● *En revanche*, adverbe constitué de plusieurs mots, est une locution adverbiale ; *au milieu de* est une locution prépositive.

4 Dans chaque série, raye l'intrus et explique ton choix.
a. dans – avec – pour – ~~or~~ – sur – à : tous les mots sont des prépositions, sauf *or* (conjonction de coordination).
b. mais – ou – et – ~~dont~~ – or – ni – car : tous les mots sont des conjonctions de coordination, sauf *dont* (pronom relatif).

● *Série b* : attention à ne pas confondre *dont*, pronom relatif, et *donc*, conjonction de coordination.

  Grammaire

Le GN et ses expansions

1 Souligne les expansions des GN et indique s'il s'agit d'adjectifs épithètes, de compléments du nom ou de propositions relatives.

Chaque année, **la fête** municipale de Livry-Gargan, tout le monde s'y prépa-
                     adj. épithète   compl. du nom
re longtemps à l'avance. Les parents, les enfants et surtout **les commères** du quartier parce qu'à la kermesse, tu refais **ta réserve** de ragots. Y avait [...]
compl. du nom   compl. du nom
des groupes de musique qui défilaient. **Des jeunes** de la cité sont venus rap-
         compl. du nom   prop. relative   compl. du nom
per. Y avait même **des filles** qui chantaient avec eux.
                          prop. relative

● Le complément du nom est souvent un nom. Mais il peut être aussi un pronom (*la fête de tous*), un verbe à l'infinitif (*l'envie de s'amuser*), un adverbe (*les jeunes d'ici*).

2 Complète les proverbes, puis indique la fonction de l'expansion.
a. Au royaume des aveugles, les borgnes sont rois. → GN, complément du nom *royaume*.
b. Après la pluie, le beau temps. → Adjectif qualificatif, épithète du nom *temps*.
c. Pierre qui roule n'amasse pas mousse. → Proposition subordonnée relative, complète l'antécédent *pierre*.
d. N'éveillez pas le chat qui dort. → Proposition subordonnée relative, complète l'antécédent *chat*.

● Le nom complété par une proposition subordonnée relative est appelé **antécédent** (de la relative) : *pierre* est l'antécédent de *qui roule*, et *qui roule* complète son antécédent *pierre*.

3 Réécris la phrase en ajoutant les expansions suivantes : *émouvantes – de théâtre – qui sont adaptés au cinéma – du XIXᵉ siècle – français*.
Victor Hugo est un écrivain français du XIXᵉ siècle. Il a écrit des poésies émouvantes, des pièces de théâtre et des romans qui sont adaptés au cinéma.

● Fais attention aux accords dans les subordonnées relatives. Le pronom relatif *qui* prend le genre et le nombre de son antécédent.

  Grammaire

Les degrés de signification

1 Souligne les adjectifs au comparatif ; encadre les adjectifs au superlatif.

Les Lilliputiens estiment l'éducation des jeunes filles de la bonne société [très importante]. [...] Les collèges de jeunes filles d'un rang plus modeste initient leurs élèves à des tâches différentes, selon leur avenir : celles qui vont en apprentissage quittent l'école à sept ans, les autres à onze ans. Les familles moins riches payent une pension annuelle aussi modique que possible. Les gens plus aisés versent pour chaque enfant une somme assez élevée. Cet argent est géré avec [la plus grande] honnêteté.

● Le complément du comparatif, c'est-à-dire l'élément avec lequel s'établit la comparaison, est souvent sous-entendu pour éviter des répétitions : *jeunes filles d'un rang plus modeste* (sous-entendu : *que les jeunes filles de la bonne société*).

2 Complète les phrases, puis indique le nom du degré utilisé.
a. L'été est une saison plus chaude que l'hiver. → comparatif de supériorité.
b. Février est le mois le plus court de l'année. → superlatif relatif de supériorité.
c. Février est un mois moins long que le mois de mai. → comparatif d'infériorité.
d. En été, il fait parfois très chaud. → superlatif absolu.

● Les comparatifs fonctionnent avec *que*. Les superlatifs relatifs fonctionnent avec *de*, mais le groupe de mots introduit par *de* est souvent sous-entendu.

3 Inverse le degré de signification en gardant le même sens.
a. Il va acheter une moto plus rapide.
→ Il va acheter une moto moins lente.
b. Cette escalade est la plus difficile de toutes.
→ Cette escalade est la moins facile de toutes.
c. Tes cheveux sont moins longs que les miens.
→ Tes cheveux sont plus courts que les miens.
d. Penses-tu avoir les bagages les moins lourds ?
→ Penses-tu avoir les bagages les plus légers ?

● Il faut utiliser l'adjectif contraire mais aussi le degré de signification contraire.

5 Grammaire — Déterminants et pronoms

1 Souligne les déterminants et encadre les pronoms.

Mouret cependant vivait dans l'angoisse ? Était-[ce] possible ? Cette enfant le torturait à ce point ! Toujours [il] [la] revoyait arrivant avec ses gros souliers, son air sauvage. [Elle] apportait tout [ce] [qu'] [on] trouve de bon chez la femme, le courage, la gaieté, la simplicité. [On] ne pouvait ne pas [la] voir ; bientôt le charme agissait ; [on] [lui] appartenait à jamais.

● On peut vérifier que *le* et *la* se trouvent devant des noms lorsqu'ils sont déterminants (*la femme, le courage*...), alors que leurs homophones pronoms se trouvent devant des verbes (*le torturait, la revoyait*...).

2 Complète avec *leur* ou *leurs*, et indique la nature du mot.
a. En partant, ils emportent leurs (déterminant, adjectif possessif) affaires.
b. Elle se tourne vers eux et leur (pronom personnel) explique tout.
c. Ces vêtements-ci sont les nôtres, ceux-là sont les leurs (pronom possessif).

● *Phrase c* : lorsque *leur* est pronom possessif, il est précédé d'un déterminant et prend la marque du pluriel.

3 Classe les mots de la liste suivante dans le tableau : *le – la – mon – la leur – ce – cela – les – chacun – chaque – tous – leur – leurs*.

Déterminants	Pronoms
le, la, mon, ce, les, chaque, tous, leur, leurs	le, la, la leur, ce, cela, les, chacun, tous, leur

● *Tous* peut être déterminant ou pronom, mais la prononciation n'est pas la même.

● *Leurs* (pluriel) ne peut pas être pronom, sauf s'il est précédé du déterminant *les*.

4 Raye l'intrus et justifie ton choix.
a. ~~les~~ – je – le sien – on – nous : seul *les* peut être déterminant ou pronom.
b. mon – cette – nos – ~~la leur~~ – des : seul *la leur* est un pronom.

● *Série a* : les autres mots de la liste sont des pronoms.

● *Série b* : les autres mots de la liste sont des déterminants.

La phrase verbale simple

1 Souligne le verbe noyau du GV dans chaque phrase.

Je <u>descendis</u> par un escalier obscur. Je <u>me trouvai</u> dans la rue. On <u>affichait</u> l'ouverture d'un casino. [...] Une partie du bâtiment <u>était</u> encore en construction. J'<u>entrai</u> dans un atelier. Des ouvriers <u>modelaient</u> en glaise un animal énorme en forme de lama. Je <u>m'arrêtai</u> à contempler ce chef-d'œuvre. [...] Le cri d'une femme <u>me réveilla</u> en sursaut. J'<u>ouvris</u> ma fenêtre. Tout <u>était</u> tranquille. Le cri ne <u>se répéta</u> plus.

• Le noyau du GV est le verbe conjugué, mais le GV peut contenir d'autres mots sans lesquels le propos ne serait pas compréhensible :
*On **affichait l'ouverture d'un casino**.* → GV = verbe + COD.

2 Dans le texte suivant, souligne les phrases simples exclusivement.

<u>Duroy, surpris, regardait Forestier.</u> <u>Il était bien changé, bien mûri.</u> Il avait maintenant une allure, un costume d'homme posé, sûr de lui, et un ventre d'homme qui dîne bien. <u>Autrefois il était maigre, mince et souple, étourdi, casseur d'assiettes, tapageur et toujours en train.</u> En trois ans Paris en avait fait quelqu'un de tout autre, avec quelques cheveux blancs sur les tempes, bien qu'il n'eût pas plus de vingt-sept ans.

• Les phrases non soulignées contiennent deux verbes conjugués : il s'agit de phrases complexes.

3 Dans le texte suivant, souligne les phrases verbales simples.

« Votre corps droit. Un peu penché sur la cuisse gauche. Les jambes point tant écartées. Vos pieds sur la même ligne. Votre poignet à l'opposite de votre hanche. La pointe de votre épée vis-à-vis de votre épaule. [...] La tête droite. Le regard assuré. <u>Avancez.</u> Le corps ferme. <u>Touchez-moi. Remettez-vous. Redoublez de pied ferme.</u> Un saut en arrière. Quand vous portez la botte, monsieur, il faut que l'épée parte la première, et que le corps soit bien effacé. Une, deux. <u>Allons ! Touchez-moi, l'épée de tierce ! Achevez de même. Avancez.</u> Le corps ferme. <u>Avancez. Partez de là.</u> Une, deux. <u>Remettez-vous. Redoublez.</u> Une, deux. Un saut en arrière. En garde, monsieur, en garde ! »

• Tout le début du texte est composé de phrases non verbales qui sont pour la plupart des GN : on les nomme **phrases nominales**.

Le groupe verbal

1 Dans le texte suivant, souligne les GV.

Chaque lundi matin, le brocanteur qui <u>logeait</u> sous l'allée <u>étalait</u> par terre <u>ses ferrailles</u>. Puis la ville <u>se remplissait d'un bourdonnement de voix</u>. Vers midi, au plus fort du marché, un vieux paysan de haute taille, la casquette en arrière, le nez crochu, <u>apparaissait</u> sur le seuil. Robelin <u>était le fermier de Geffosses</u>. Peu après, <u>arrivait</u> Liébard, le fermier de Toucques, petit, rouge et obèse ; il <u>portait une veste grise</u>.

• *Liébard* n'est pas le CO, mais le sujet du verbe *arrivait*.

2 Classe dans le tableau suivant les GV que tu as soulignés.

Verbe seul	Verbe + complément(s) (COD/COI/COS)	Verbe + attribut
logeait – apparaissait – arrivait	étalait ses ferrailles – se remplissait d'un bourdonnement de voix – portait une veste grise	était le fermier de Geffosses

• *Se remplissait* est un verbe utilisé à la voix pronominale : le pronom personnel réfléchi *se* est le COD de *remplir*, et *d'un bourdonnement de voix* est son COS.

3 Ajoute les GV et indique de quels éléments ils se composent.

a. Qui vole un œuf, vole un bœuf. → verbe + complément.
b. La nuit, tous les chats sont gris. → verbe + attribut.
c. L'habit ne fait pas le moine. → verbe + complément.
d. Les bons comptes font les bons amis. → verbe + complément.

● Les compléments appartenant au GV se trouvent le plus souvent à droite du verbe. Mais, lorsque le complément est un pronom, celui-ci se place à gauche :
Il vole un bœuf. → *Il le vole.*

Grammaire

Compléments de verbe et de phrase

1 Indique s'il s'agit d'un complément de verbe ou de phrase.

a. La passion de la jeune veuve pour le marquis dura *peu de temps*. → CV.
b. *Quand il comprit ce qui se passait*, il alla *chez la voisine*. → CP / CV.
c. Jeannot retrouva Colin *au bon moment*. → CP.
d. Il se rendit *chez lui* et fut très heureux *là*. → CV / CP.

● *Durer, aller, se rendre,* sont des verbes étroitement liés à leur complément de temps ou de lieu ; si on supprime le complément, la phrase perd son sens.

2 Complète le tableau.

Verbes	Compléments de verbe		Compléments de phrase (CC)
	COD	COI / COS	
attira	le jeune marquis		chez elle
enchanta	l'		
subjugua	le		sans peine
proposa	le mariage		
acceptèrent	la proposition		avec joie
donnèrent	leur fils unique	à leur amie intime	

● Si tu supprimes les compléments de phrase, le texte reste compréhensible, ce qui n'est pas le cas si tu supprimes les compléments de verbe.

Grammaire

La phrase complexe

1 Transforme chaque couple de phrases simples en une phrase complexe en suivant l'indication en italique.

a. Je me lève. Il est déjà neuf heures.
→ *(subordination)* Je me lève parce qu'il est déjà neuf heures.
b. Je souris. Il me rend mon sourire.
→ *(coordination)* Je souris et il me rend mon sourire.
c. Igor est énervé. Tout le monde le gêne.
→ *(juxtaposition)* Igor est énervé : tout le monde le gêne.

● Dans le premier cas *(a)*, on pourrait aussi comprendre :
Quand je me lève, il est déjà neuf heures. C'est le contexte qui permet de savoir avec certitude le lien de sens existant entre les phrases.

2 Souligne les verbes conjugués, puis complète le tableau.

Le service d'Igor Beshevich commençait à six heures et l'encombrement des rues du quartier Mlanecsz l'avait déjà bien trop retardé *(a)*. La foule lambinait comme un gros serpent le long des boutiques d'écriture et de bougies ; chacun essayait tant bien que mal d'éviter les mares formées par la neige fondante dans le ruisseau *(b)*. Les femmes surtout étaient les plus lentes à force de relever leurs jupons pour qu'ils ne soient pas crottés *(c)*.

● Les verbes à l'infinitif, comme *éviter (b), relever (c),* ne constituent pas des propositions.

Phrase du texte	Nombre de verbes conjugués	Mot ou signe reliant les propositions	Juxtaposition, coordination, ou subordination ?
(a)	2	et	coordination
(b)	2	;	juxtaposition
(c)	2	pour qu'	subordination

5

Le temps

1 **Souligne, dans le texte suivant, tous les compléments circonstanciels de temps.**

<u>Un après-midi</u>, ma mère m'avait demandé si j'aimerais aller à Luna Park. [...] <u>Quand j'y repense aujourd'hui</u>, je crois qu'elle voulait tout simplement que je la laisse seule <u>cet après-midi-là</u>. [...] <u>Pendant qu'elle me tendait un grand billet de banque</u>, elle me dit : « Va t'amuser à Luna Park. » [...] <u>Quand j'ai acheté le ticket</u>, à l'entrée, le monsieur a paru surpris que je paye avec un si gros billet. <u>Après m'avoir rendu la monnaie</u>, il m'a laissée passer.

● La proposition subordonnée *quand j'y repense aujourd'hui* donne une indication de temps par rapport à la principale *je crois* ; en outre, la proposition subordonnée contient elle-même un CC (*aujourd'hui*) qui donne une indication de temps à propos de l'action *j'y repense*.

2 **Dans chaque phrase, écris le verbe de la proposition subordonnée de temps à l'indicatif ou au subjonctif, puis justifie ton choix.**

a. Après que le monsieur m'*(avoir)* **a** rendu la monnaie, je suis passée.
Action réalisée quand l'action de la principale se produit = indicatif.
b. Avant que le monsieur m'*(avoir)* **ait** rendu la monnaie, je suis passée.
Action non réalisée quand l'action de la principale se produit = subjonctif.
c. Aussitôt que le monsieur m'*(avoir)* **a** rendu la monnaie, je suis passée.
Action réalisée quand l'action de la principale se produit = indicatif.
d. Quand le monsieur m'*(avoir)* **a** rendu la monnaie, je suis passée.
Action réalisée quand l'action de la principale se produit = indicatif.
e. En attendant que le monsieur m'*(avoir)* **ait** rendu la monnaie, je suis passée.
Action non réalisée quand l'action de la principale se produit = subjonctif.
f. Au moment où le monsieur m'*(avoir)* **a** rendu la monnaie, je suis passée.
Action réalisée quand l'action de la principale se produit = indicatif.

● Il faut toujours considérer la réalisation du fait évoqué dans la proposition subordonnée *par rapport* à l'action exprimée par le verbe de la proposition principale.

● Il faut bien retenir : *après que* + indicatif ; *avant que* + subjonctif.

Cause et conséquence

1 **Les phrases suivantes sont constituées de deux propositions coordonnées. Indique le lien logique qui apparaît (cause ou conséquence).**

a. Le client de l'hôtel est en colère car il y a du désordre dans sa chambre.
→ cause.
b. Le temps était orageux, donc j'ai pris mon parapluie. → conséquence.
c. Il a oublié de prendre son manteau, donc je lui en ai prêté un.
→ conséquence.
d. Les rats font peur aux gens, car ils apportent la peste. → cause.

● *Car* est la seule conjonction de coordination qui exprime la cause ; *donc* est la seule qui exprime la conséquence. Des propositions coordonnées peuvent aussi être reliées par des adverbes : *en effet* (cause), *ainsi* (conséquence).

2 **Lis ce texte et souligne les propositions subordonnées causales.**

– Vous voulez mon avis ? Ils sont malheureux <u>parce qu'ils ne se laissent pas aller</u>. Et je sais ce que je dis.
– Il sait en effet ce qu'il dit, ajoutait Tarrou. [...] Autant qu'il est possible, il est à l'aise dans la terreur. Mais <u>parce qu'il a ressenti tout cela avant eux</u>, je crois qu'il ne peut pas éprouver tout à fait avec eux la cruauté de cette incertitude. [...] <u>Puisque lui-même a vécu dans la terreur</u>, il trouve normal que les autres la connaissent à leur tour. Plus exactement, la terreur lui paraît alors moins lourde à porter que s'il y était tout seul.

● La proposition subordonnée de cause est *complément circonstanciel de cause de la principale*. Comme tout complément circonstanciel, la causale est déplaçable et peut se trouver avant ou après la principale.

3 Reprends chaque phrase complexe contenant une causale et transforme-la de façon à mettre en évidence l'idée de conséquence.
a. Ils ne se laissent pas aller si bien qu'ils sont malheureux.
b. Il a ressenti tout cela avant eux si bien que je crois qu'il ne peut pas éprouver tout à fait avec eux la cruauté de cette incertitude.
c. Lui-même a vécu dans la terreur si bien qu'il trouve normal que les autres la connaissent à leur tour.

● La causale perd la conjonction qui l'introduisait et devient proposition principale, tandis que la proposition principale devient la consécutive introduite par une conjonction de subordination.

Grammaire — But et conséquence

1 Lis le texte et délimite par des crochets les subordonnées de but.

Pendant des mois, la pose fut ainsi pour elle une torture. La bonne vie à deux avait cessé, un ménage à trois semblait se faire, comme s'il eût introduit dans la maison une maîtresse, cette femme qu'il peignait d'après elle. [...] Il la tuait à la pose pour embellir l'autre. [...] Quelle souffrance de prêter sa chair, [pour que l'autre naquît], [pour que le cauchemar de cette rivale les hantât], [fût toujours entre eux] !

● Dans la troisième proposition, « pour que le cauchemar de cette rivale » n'est pas répété, ce qui rend la phrase moins lourde.

2 Souligne dans le texte de l'exercice 1 une phrase simple contenant un CC de but.

● Dans la première phrase du texte, le complément *pour elle* n'exprime pas le but.

3 Transforme chaque couple de phrases simples en une phrase complexe contenant une principale et une subordonnée de but.
a. Le tableau progresse. Claude peint beaucoup.
→ Claude peint beaucoup pour que le tableau progresse.
b. La jeune femme garde la pose. Claude la peint.
→ La jeune femme garde la pose pour que Claude la peigne.

● Comme il s'agit de CC, les propositions subordonnées de but peuvent être déplacées ; ainsi tu aurais pu dire par exemple *(phrase a)* : Pour que le tableau progresse, Claude peint beaucoup.

4 Indique si la conjonction *pour que* introduit une subordonnée de but ou de conséquence.
a. Claude fait des efforts pour que le tableau soit parfait. → but.
b. Le tableau n'est pas assez beau pour que Claude soit content.
→ conséquence.
c. La vie est trop pénible pour que Christine l'apprécie. → conséquence.
d. Pour que Claude puisse la peindre, Christine pose. → but.

● Tous les verbes des propositions subordonnées sont ici au subjonctif, car on est dans le domaine du non réalisé.

Grammaire — L'opposition, la concession

1 Souligne l'ensemble des mots qui expriment l'opposition.
a. Même s'il ne participe pas à cette compétition, il s'y intéresse vivement.
b. La maison paraît inoccupée, mais des grincements réguliers prouvent le contraire.
c. Malgré tous ses efforts, il n'a pas gagné.

● Dans la *phrase a*, la subordonnée *même s'il ne participe pas à cette compétition* est CC d'opposition de la principale.

7

2 Transforme chaque couple de phrases simples en une phrase complexe comportant une proposition subordonnée d'opposition.
  a. Je suis pressé. Je prends mon temps.
  → Bien que je sois pressé, je prends mon temps.
  b. La lampe reste éteinte. Il fait nuit.
  → La lampe reste éteinte quoiqu'il fasse nuit.
  c. Il est triste au fond de lui. Il sourit à son enfant.
  → Bien qu'il soit triste au fond de lui, il sourit à son enfant.

● Une subordonnée d'opposition qui contient le verbe *être* peut être elliptique (sans verbe) si elle a le même sujet que la principale. Par exemple, pour la *phrase a*, tu aurais pu dire : *Bien que pressé, je prends mon temps.*

3 Après avoir souligné la proposition subordonnée d'opposition, réécris le texte de façon à obtenir deux propositions coordonnées.
  Et, bien que les meilleurs morceaux ne soient pas faciles à déchirer ni à manger quand on a une dentition d'herbivore, on peut auparavant les dépecer et les émietter avec des pierres et finir de les mastiquer tant bien que mal avec les molaires.
  Les meilleurs morceaux ne sont pas faciles à déchirer ni à manger quand on a une dentition d'herbivore, mais on peut auparavant les dépecer et les émietter avec des pierres et finir de les mastiquer tant bien que mal avec les molaires.

● La conjonction *bien que* disparaît et le verbe qui était au subjonctif (*soient*) passe à l'indicatif. On ajoute la conjonction de coordination *mais* qui exprime l'opposition.

Grammaire

La condition

1 Souligne les propositions subordonnées de condition.
  Sur le penchant de quelque agréable colline bien ombragée, j'**aurais** une petite maison blanche avec des contrevents verts, si j'étais riche ; et quoique une couverture de chaume soit en toute saison la meilleure, je **préférerais** magnifiquement, non la triste ardoise, mais la tuile, parce qu'elle a l'air plus propre et plus gai que le chaume. Si quelque fête champêtre rassemblait les habitants du lieu, j'y **serais** des premiers avec ma troupe ; si quelques mariages se faisaient à mon voisinage, on **saurait** que j'aime la joie, et j'y **serais invité**.

● *Quoique* introduit une subordonnée de concession, et *parce que* une subordonnée de cause.

2 À quel mode sont les verbes en gras ? Au conditionnel. Pourquoi ?
  Parce que tous les verbes des conditionnelles sont à l'indicatif imparfait et qu'il s'agit d'hypothèses.

● Le verbe d'une proposition de condition introduite par *si* n'est jamais au conditionnel.

3 Réécris la dernière phrase du texte en remplaçant « je » par « il » et en mettant les verbes en gras à l'indicatif futur.
  Si quelque fête champêtre rassemble les habitants du lieu, il y sera des premiers avec sa troupe ; si quelques mariages se font à son voisinage, on saura qu'il aime la joie, et il y sera invité.

● Lorsque la principale est à l'indicatif futur, la subordonnée de condition introduite par *si* est obligatoirement à l'indicatif présent.

4 Écris le verbe entre parenthèses à la forme qui convient.
  a. S'ils *(venir)* venaient, tu te réjouirais. – b. S'il *(faire)* fait chaud, nous irons à la piscine. – c. Si tu *(avoir)* avais eu des vacances, tu serais venu. – d. S'il *(être)* est plus de vingt heures, toutes les boutiques sont fermées.

● *Phrase c* : le verbe de la principale est au conditionnel passé, celui de la conditionnelle est donc au plus-que-parfait.

15 Conjugaison — Indicatif présent : cas difficiles

1 Dans ces vers de Paul Verlaine, écris au présent les verbes entre parenthèses.

Éloigné de vos yeux, Madame, par des soins
Impérieux (j'en *(prendre)* prends tous les dieux à témoins),
Je *(languir)* languis et je *(mourir)* meurs, comme c'est ma coutume
En pareil cas, et *(aller)* vais, le cœur plein d'amertume,
À travers des soucis où votre ombre me *(suivre)* suit,
Le jour dans mes pensers, dans mes rêves la nuit.

● Le verbe *suivre* est le seul qu'il faut conjuguer à la 3ᵉ personne du singulier ; son sujet est *votre ombre* et *me* est son COD.

2 Complète le tableau suivant en conjuguant les verbes à l'indicatif présent.

	partir	craindre	convaincre	permettre
1ʳᵉ pers. sing.	je pars	je crains	je convaincs	je permets
3ᵉ pers. sing.	il part	il craint	il convainc	il permet
3ᵉ pers. plur.	ils partent	ils craignent	ils convainquent	ils permettent

● Il est nécessaire de prendre garde au changement de radical de certains verbes entre le singulier et le pluriel (ici *craindre* et *convaincre*).

3 Raye l'intrus.
a. résoudre – ~~coudre~~ – absoudre – dissoudre – éteindre.
b. éteindre – joindre – craindre – ~~tendre~~ – résoudre.

● Seuls gardent le -d :
coudre (a) ; *tendre* (b).

16 Conjugaison — Indicatif et subjonctif présent

1 Souligne les verbes au subjonctif présent.

ORGON : « Ah ! je vous brave tous, et vous ferai connaître
Qu'il faut qu'on m'<u>obéisse</u> et que je suis le maître.
Allons, qu'on <u>se rétracte</u>, et qu'à l'instant, fripon,
On <u>se jette</u> à ses pieds pour demander pardon. [...]
Sus, que de ma maison on <u>sorte</u> de ce pas,
Et que d'y revenir on n'<u>ait</u> jamais l'audace. »

● On utilise le subjonctif pour donner un ordre à la 3ᵉ personne : c'est le cas pour tous les verbes au subjonctif de ce texte, sauf *obéisse* qui dépend de *il faut*.

2 Coche la bonne orthographe.
a. Chaque fois qu'il ☐ voie ☑ voit ce paysage, il s'extasie. – b. Bien qu'il ☑ sourie ☐ sourit, il s'ennuie. – c. Il prend un air sérieux pour qu'on le ☑ croie ☐ croit. – d. La biche effrayée ☐ fuie ☑ fuit les félins affamés.

● On peut tenter une substitution (si on n'est pas sûr de soi) avec le verbe *être* ou avec le verbe *faire*.

3 Replace les verbes suivants : *disparaissaient – ait – parcoure – disparaisse – invente – voie – meure*.

Il faut que l'homme voie la destruction progressive de son environnement pour qu'il ait envie de lutter et de chercher des solutions. Albert Einstein a écrit que si les abeilles disparaissaient un jour, l'homme n'aurait plus que quatre années à vivre. Il ne faut pas que disparaisse la beauté de la nature ni que meure l'abeille. Pour que l'humanité parcoure encore des millénaires, il faut qu'elle invente des remèdes durables.

● Après *pour que* et *il faut que*, on a toujours le subjonctif. C'est aussi le cas après *bien que*, *avant que*, *pourvu que*...

17 Conjugaison — Indicatif passé simple

1 Écris les verbes entre parenthèses au passé simple.

Quand l'inspecteur *(revenir)* revint, il *(trouver)* trouva Maigret campé sur le balcon [...]. Maigret *(poser)* posa le miroir debout sur la table et, à l'aide de deux chandeliers qu'il *(prendre)* prit sur la cheminée, il *(dresser)* dressa vis-à-vis la feuille de papier buvard. [...]

• Le verbe *revenir* est un dérivé de *venir* : il adopte les mêmes terminaisons.

2 Complète le tableau en conjuguant les verbes au passé simple.

	suivre	courir	faire	devoir	finir
1re pers. sing.	je suivis	je courus	je fis	je dus	je finis
3e pers. sing.	il suivit	il courut	il fit	il dut	il finit
3e pers. plur.	ils suivirent	ils coururent	ils firent	ils durent	ils finirent

• Le passé simple est surtout utilisé à l'écrit de nos jours. Cette diminution d'emploi entraîne une méconnaissance des formes. Il faut mémoriser les formes des verbes les plus courants.

3 Raye l'intrus dans chaque série.
a. voulus – dus – ~~venus~~ – pus – crus.
b. posas – récupéras – ~~crieras~~ – erras.

• *Venus* est le participe passé (masculin pluriel) de *venir* ; *crieras* est le verbe *crier* au futur (2e personne du singulier).

4 Réécris cette phrase au passé simple et à la 1re personne du singulier.

Arrivés au grenier, les enfants demeurent saisis d'étonnement, puis bondissent vers une vieille malle. Ils ne parviennent pas à l'ouvrir, si bien qu'ils se mettent à imaginer un trésor caché.

Arrivé(e) au grenier, je demeurai saisi(e) d'étonnement, puis bondis vers une vieille malle. Je ne parvins pas à l'ouvrir, si bien que je me mis à imaginer un trésor caché.

• Au passé simple, les terminaisons des personnes du singulier des verbes du 1er groupe (et du verbe *aller*) sont -ai, -as, -a, présentant une similitude avec le présent du verbe *avoir* (j'**ai**, tu **as**, il **a**).

18 Conjugaison — Passé simple ou imparfait

1 Indique à quel temps sont les verbes, puis justifie chaque emploi.

a. Olivier *salua* (passé simple) Mme Lucien qui *frottait* (imparfait) avec son index les gencives de son bébé. – b. À l'épicerie, on *grillait* (imparfait) du café et toute la rue *embaumait* (imparfait).

a. *Salua* : action envisagée comme achevée, décrite du début à la fin.
Frottait : action qui s'inscrit dans la durée.
b. *Grillait* et *embaumait* : actions qui durent et qui se répètent.

• Le passé simple s'emploie en général pour exprimer des actions de premier plan, tandis que l'imparfait permet de décrire un arrière-plan. Phrase a : le geste d'Olivier est au premier plan, celui de Mme Lucien à l'arrière-plan.

2 Réécris les phrases au passé, en utilisant le passé simple ou l'imparfait, selon les cas.

a. Pendant que je le regarde, il lit la lettre.
→ Pendant que je le regardais, il lut la lettre.
b. Quand je vois la vitrine, je change soudain d'avis.
→ Quand je vis la vitrine, je changeai soudain d'avis.
c. Je passe chez eux chaque année.
→ Je passais chez eux chaque année.

• Ici, les phrases à l'imparfait contiennent des indications qui te permettent d'être sûr(e) qu'il s'agit d'actions qui s'inscrivent dans la durée (phrase a : *pendant que*) ou qui se répètent (phrase c : *chaque année*).

3 Conjugue les verbes entre parenthèses au passé simple ou à l'imparfait.

Ackroyd *(être)* était fort entêté ; plus on le *(pousser)* poussait à accomplir un acte, plus il s'y *(refuser)* refusait. [...] La main sur la poignée de la porte, j'*(hésiter)* hésitai et *(regarder)* regardai en arrière. [...] Je *(sortir)* sortis en hochant la tête et je *(fermer)* fermai la porte derrière moi.

● Dans la 2e phrase, l'imparfait aurait montré que le narrateur « hésite » et « regarde » pendant un certain temps, ce qui n'est pas le cas.

Conjugaison

Indicatif futur et conditionnel présent

1 Conjugue les verbes au futur ou au conditionnel présent.

Je commence mon journal. [...] Ah ! que je n'*(aimer)* aimerais pas que quelqu'un lise mon journal. [...] J'ai numéroté les pages. Je me demande ce que j'*(avoir)* aurai à la page 100. [...] À partir de février, je dois aller au lycée clandestin. [...] Mais ne pense pas, mon cher journal, que je t'*(abandonner)* abandonnerai pour autant ! Sûrement pas. Je n'*(avoir)* aurai jamais de plus grand ami que toi. Toi, tu es l'Ami, journal !

● *Je n'aimerais pas* exprime un souhait, ce qui explique la présence du conditionnel. Tous les autres verbes sont au futur, puisque ce sont des projections sur l'avenir, dans un contexte au présent.

2 Réécris les phrases en remplaçant « Il dit : » par « Il disait que ».
  a. Il dit : « Je sortirai le chien. » → Il disait qu'il sortirait le chien.
  b. Il dit : « Il fera beau tout l'été. » → Il disait qu'il ferait beau tout l'été.
  c. Il dit : « Il pleuvra demain. » → Il disait qu'il pleuvrait le lendemain.

● Quand on passe du discours direct au discours indirect, les adverbes de temps changent : *demain* → *le lendemain*.

3 Coche la bonne orthographe.
  a. S'il essaie de prendre mon sac, je ☑ crierai ☐ crierais. – b. Je lui avais promis que je lui ☐ enverrai ☑ enverrais de l'argent. – c. Si tout allait bien, je ☐ pourrai ☑ pourrais te rejoindre vite. – d. Demain, dès l'aube, à l'heure où blanchit la campagne, je ☑ partirai ☐ partirais.

● En cas de doute, n'hésite pas à substituer la 2e personne du singulier à la 1re.

Conjugaison

Les temps composés

1 Lis le texte et souligne les verbes conjugués à un temps composé.

Beaucoup plus tard, par le capitaine de Victor lui-même, Félicité connut les circonstances de la fin de son neveu. On l'avait trop saigné à l'hôpital, pour la fièvre jaune. Quatre médecins le tenaient à la fois, il était mort immédiatement. Félicité ne voulut pas revoir les parents de Victor, pensant qu'ils avaient toujours traité leur fils avec barbarie.

● Observe que dans ce court texte, trois temps du passé sont utilisés : imparfait *(tenaient)*, passé simple *(connut, voulut)* et plus-que-parfait. Chacun revêt une valeur particulière.

2 À quel temps sont les verbes que tu as soulignés ?
Au plus-que-parfait.

● Le plus-que-parfait marque l'antériorité.

3 Complète le tableau suivant à la 3e personne du singulier.

Présent	elle connaît	Passé composé	elle a connu
Imparfait	elle connaissait	Plus-que-parfait	elle avait connu
Futur	elle connaîtra	Futur antérieur	elle aura connu
Passé simple	elle connut	Passé antérieur	elle eut connu

● Quand tu conjugues le verbe *connaître*, n'oublie pas de mettre un accent circonflexe sur le *i* quand il n'est pas suivi d'un *s* : *il connaît* (présent), mais *il connaissait* (imparfait).

4 Sans changer de personne, conjugue chaque verbe au temps demandé.
  a. Tu soulignes → passé composé : tu as souligné.
  b. Nous prendrons → futur antérieur : nous aurons pris.
  c. Ils mettaient → plus-que-parfait : ils avaient mis.
  d. Il vint → passé antérieur : il fut venu.
  e. Je courrai → futur antérieur : j'aurai couru.

● Le verbe *venir* est un verbe de mouvement ; il forme donc ses temps composés avec l'auxiliaire *être*.

 Conjugaison

Conditionnel et subjonctif

1 Lis le texte et souligne les verbes au conditionnel.
  Nous tentions de résoudre seuls nos problèmes. Nos parents appartenaient à un autre monde ; ils ne nous auraient pas compris ou se seraient refusés à nous prendre au sérieux.
  Un jour alors que nous étions arrêtés devant chez moi, je pensai que Conrad n'avait jamais vu ma chambre, de sorte que je lui dis : « Pourquoi n'entrerais-tu pas ? » Il hésita une seconde, puis me suivit.

● Les verbes *comprendre* et *se refuser* sont au conditionnel passé, forme composée du conditionnel (auxiliaire au conditionnel présent + participe passé du verbe conjugué).

2 Réécris la deuxième phrase en mettant les verbes au présent.
  Nos parents appartiennent à un autre monde ; ils ne nous comprendraient pas ou se refuseraient à nous prendre au sérieux.

● Il faut garder les mêmes modes que dans le texte d'origine.

3 Mets le verbe entre parenthèses au mode et au temps qui conviennent.
  a. Le chef ordonne que les troupes *(faire)* fassent demi-tour. – b. *(Avoir)* Auriez-vous l'amabilité d'ouvrir la fenêtre ? – c. Si sa mère l'avait voulu, il *(partir)* serait parti en vacances. – d. J'ai très peur que tu me *(croire)* croies coupable. – e. S'il veut partir avec nous, qu'il *(être)* soit à l'heure !

● Le subjonctif est **obligatoire** dans une proposition subordonnée complétive, après un verbe de volonté (*phrase a*) ou de sentiment (*phrase d*).

4 Remplace « Il dit » par « Il veut » et fais les modifications nécessaires.
  a. Il dit que tu pars très tôt le matin et que tu cours toujours pour conserver la forme.
  → Il veut que tu partes très tôt et que tu coures toujours pour conserver la forme.
  b. Il dit que tu as de l'argent.
  → Il veut que tu aies de l'argent.

● Les verbes des propositions subordonnées passent au subjonctif.

 Conjugaison

La voix passive

1 Encadre les verbes employés à la voix active et souligne leurs sujets.
  Autour de la place, une population, originaire de plusieurs communautés, habite toutes les maisons. Leurs existences se sont toujours entremêlées. [...] À cause des incidents de ces derniers jours, ils évitent les rencontres. Ils craignent des affrontements.
  Derrière leurs volets clos, pour le moment, ils font de beaux rêves. C'est ainsi que les choses avaient été prévues par Ammal et Myriam.

● *Se sont entremêlées* : l'auxiliaire utilisé est bien *être*, mais le verbe est **pronominal** donc ni à l'actif ni au passif.

2 Quel verbe est utilisé à la voix passive dans le texte de l'exercice 1 ?
Prévoir.
Justifie ta réponse. Le sujet *les choses* subit l'action de *prévoir*.

● Pour vérifier, on peut tenter une substitution avec *se faire* ou *se laisser* + infinitif : *les choses s'étaient laissées prévoir*.

3 Réécris le texte en mettant les verbes au passif.
À cause des incidents de ces derniers jours, les rencontres sont évitées (par eux). Des affrontements sont craints (par eux).

● Ici, le complément d'agent *par eux* n'est pas obligatoire, il alourdit la phrase.

4 Réécris à l'actif la phrase dont le verbe est au passif.
C'est ainsi qu'Ammal et Myriam avaient prévu les choses.

● Le verbe est au plus-que-parfait.

5 Transforme les phrases en mettant les verbes au passif.
a. Ce soir-là, la musique m'avait happé.
→ Ce soir-là, j'avais été happé par la musique.
b. Des guetteurs répercuteront la nouvelle.
→ La nouvelle sera répercutée par des guetteurs.

● Le COD du verbe à l'actif devient le sujet du verbe au passif.

23 Conjugaison — Voix passive et pronominale

1 Lis le texte et souligne tous les verbes conjugués avec l'auxiliaire *être*.

Quand Bojenka permit à son ogre de mari de lâcher ses torchons, il s'est écroulé et s'est endormi. Alors, profitant de son sommeil, Bojenka a fabriqué une femme en pain d'épice, puis s'est cachée. Quand l'ogre s'est réveillé, il s'est précipité à la cuisine et a mangé celle qui n'était pas son épouse mais la femme de pain d'épice.
Pendant huit jours, l'ogre fut ainsi nourri de femmes en pain d'épice. Quand Bojenka se montra, il lui demanda : « Pourquoi n'es-tu pas partie ? »
En pleurant, Bojenka cria : « Ne vois-tu pas que je t'aime ? Ne serai-je pas aimée en retour ? »

● Il ne faut pas relever le verbe *être* utilisé seul (*celle qui n'était pas son épouse*), puisqu'il n'est pas utilisé comme auxiliaire mais comme verbe.

2 Classe dans le tableau les verbes que tu as soulignés.

Verbe à la voix passive à un temps simple	Verbe pronominal à un temps composé	Verbe intransitif à un temps composé
fut nourri serai aimée	s'est écroulé s'est endormi s'est cachée s'est réveillé s'est précipité	es partie

● *Fut nourri* est le passé simple du verbe *nourrir* à la voix passive ; *serai aimée* est le futur simple du verbe *aimer* à la voix passive.

3 Réécris chaque phrase en mettant le verbe au temps demandé.
a. Elle est honorée par votre présence.
→ (passé composé) Elle a été honorée par votre présence.
b. Je suis surpris par ta réaction.
→ (plus-que-parfait) J'avais été surpris par ta réaction.
c. Étais-tu venue en avion ?
→ (imparfait) Venais-tu en avion ?

● Pour déterminer le temps d'un verbe, tu dois d'abord te demander s'il est à la voix active ou passive : dans la *phrase a*, *est honorée* n'est pas un passé composé mais le présent du verbe *honorer* à la voix passive.

24 Orthographe — Pluriel d'un nom composé

1 **Lis le texte et écris correctement les noms composés entre parenthèses.**

C'était un taureau, que cachait le brouillard. Ses sabots battaient l'herbe de la prairie. Félicité se retourna, et elle arrachait à deux mains des *(plaque de terre)* plaques de terre qu'elle lui jetait dans les yeux. Madame Aubain, au bout de l'herbage avec ses deux petits, cherchait éperdue comment franchir le haut bord. Félicité continuellement lançait des *(motte de gazon)* mottes de gazon. Le taureau finit par l'acculer contre une claire-voie.

• Les deux mots à accorder sont composés d'un nom (*plaque* et *motte*) qui prend la marque du pluriel et d'un complément introduit par la préposition *de* (*de terre* et *de gazon*) : **ces compléments restent invariables.**

2 **Mets au pluriel les deux mots soulignés dans le texte de Flaubert.**
a. madame → mesdames.   b. une claire-voie → des claires-voies.

• *Madame* est composé de l'adjectif possessif *ma* et du nom *dame* ; les deux termes prennent la marque du pluriel, en restant soudés.

3 **Accorde les noms composés entre parenthèses.**
a. Tu conserves les *(timbre-poste)* timbres-poste que t'ont offerts tes *(grand-oncle)* grands-oncles dans de véritables *(chambre-forte)* chambres-fortes. – b. Tous les *(après-midi)* après-midi, nous ouvrons les *(porte-fenêtre)* portes-fenêtres. – c. Quand les *(bonhomme)* bonshommes de neige ont fondu, les *(perce-neige)* perce-neige poussent.

• Les *perce-neige* sont des fleurs « qui percent *la* neige », donc *neige* reste au singulier.

4 **Dans chaque série, raye l'intrus.**
a. plate-forme – haut-fond – petite-nièce – rond-point – ~~avant-garde~~.
b. réveille-matin – porte-monnaie – ~~porte-fenêtre~~ – perce-oreilles.

• *Série b* : porte-fenêtre contient deux noms (c'est *une porte* et *une fenêtre*).

25 Orthographe — Accord de l'adjectif

1 **Lis le texte et complète, si nécessaire, les mots en italique.**

– Il est deux heures et *demie*, souffle Robert qui a eu le temps de vérifier l'heure. Le commandant arrive, ne bougez plus, tenez *bon*.
On l'aperçoit au loin, la casquette *vert foncé* à tête de mort vissée sur le crâne. Il est vêtu d'un épais manteau et porte des bottes *marron foncé*.
– Je voulais seulement vous souhaiter une bonne nuit. [...]
– Il est trois heures trente, crie le kapo. Vous avez encore une *demi*-heure de sommeil.

• Sont invariables : *vert foncé* et *marron foncé*, adjectifs de couleur formés de plusieurs mots ; *bon*, pris dans le sens adverbial ; *demi-*, placé à gauche du nom *heure*.

2 **Coche la bonne orthographe.**
a. Les meilleurs athlètes sont souvent très ☐ fort ☑ forts dans différents sports.
b. Ils avaient les bras ☐ nu ☑ nus malgré le froid.
c. Ils sont restés tout ☐ droit ☑ droits pendant l'appel.
d. Ils étaient ☑ demi- ☐ demie-nus dans la neige et le vent glacial.

• Dans la *phrase d*, l'adjectif *nu*, attribut de *ils*, est variable, tandis que *demi*, placé à sa gauche, reste invariable.

3 **Complète les phrases avec les adjectifs suivants et fais les accords nécessaires :** orange – kaki – bleu, blanc, rouge – pourpre – vert olive.
a. Il a mélangé du rouge et du jaune pour peindre des fruits orange. – b. Les vêtements des soldats sont kaki et non vert olive. – c. Les sénateurs romains portaient des bandes pourpres au bas de leurs toges blanches. – d. Des drapeaux français bleu, blanc, rouge flottent sur l'ambassade.

● L'ensemble *bleu, blanc, rouge* reste invariable car les trois couleurs sont considérées comme faisant un tout. De la même façon, on écrit : *des drapeaux noir et blanc*.

Orthographe

Participe présent et adjectif verbal

1 **Lis le texte et place les mots en gras dans le tableau ci-dessous.**

Participes présents	Adjectifs verbaux
exposant – décrivant – attendant – faisant – parlant – équivalant	souriant – excellent – brillant – différent

● *Exposant, décrivant, faisant, équivalant* ont un COD ou un COI, *attendant* est suivi d'un adverbe, ce qui ne serait pas possible pour des adjectifs verbaux.

2 **Complète les mots en italique.**
a. Les jeunes enfants sont *fatigants*. – b. *Adhérant* à votre thèse, nous acceptons vos propositions. – c. Ils sont bien *différents* ces temps-ci. – d. Ces chiens *errant* dans la rue font peur.

● *Fatigant* et *différent* sont des adjectifs verbaux qui n'ont pas la même orthographe que le participe présent.

3 **Raye l'intrus dans chaque liste.**
a. ~~suffocant~~ – provoquant – communiquant – zigzaguant.
b. concluant – confiant – remuant – ~~abritant~~ – brillant.

● *Série a* : *suffocant* est le seul adjectif verbal.
● *Série b* : tous les mots sont à la fois adjectif verbal et participe présent, sauf *abritant*, participe présent d'*abriter*.

Orthographe

Accord sujet-verbe (1)

1 **Souligne l'antécédent, puis mets les verbes à l'imparfait.**
Des belles femmes qui *(faire)* faisaient pousser des cornes à leur mari, les S. S. en voyaient tous les jours, mais une qui *(vouloir)* voulait s'en débarrasser en le faisant exécuter pour terrorisme, ils demandaient à voir de près. L'homme, sur son lit de mort, a confirmé, il était le seul responsable. Les schleus l'ont fusillé avec ses pansements qui *(voler)* volaient sous les balles. C'est nous qui l'*(avoir)* avions tué cet homme et c'est lui qui nous *(sauver)* sauvait la vie.

● Quand le sujet du verbe est *qui*, il faut repérer le mot qu'il remplace, c'est-à-dire son **antécédent**.

2 **Ajoute le pronom personnel singulier manquant.**
a. Marc, Éric et toi partirez tous les trois demain. – b. Ton frère et moi partirons bientôt en tandem. – c. Toi et lui/elle observez les oiseaux.

● La 2ᵉ personne l'emporte sur la 3ᵉ ; la 1ʳᵉ personne l'emporte sur les autres.

3 Mets les verbes entre parenthèses au présent en faisant les accords nécessaires.

a. Tu es le premier qui ne *(dire)* dis/dit pas bonjour en arrivant. – b. Passe par l'une des routes qui *(mener)* mènent à Rome ! – c. Tes amis et toi *(faire)* faites une belle randonnée. – d. C'est Karin, toi et moi qui *(être)* sommes les premiers.

● *Phrase a* : quand l'antécédent du pronom relatif est *le premier, le seul...* en position d'attribut du sujet, le verbe de la relative peut se mettre à la même personne que le sujet **ou** à la même personne que l'antécédent attribut.

4 Réécris le texte en remplaçant « lui » par « moi ».

Ce n'est pas moi qui t'ai raconté cette histoire mais c'est pourtant moi qui en suis le héros. Toi et moi avons ainsi quelque chose en commun.

● Vérifie que tu as bien accordé les trois verbes : *a* → **ai** ; *est* → **suis** ; *avez* → **avons**.

Orthographe

Accord sujet-verbe (2)

1 Écris au présent les verbes entre parenthèses.

a. Ni la mer ni le soleil ne lui *(permettre)* permettent de retrouver la santé.
b. Ni la musique douce ni aucun bruit ne *(pouvoir)* peut le déranger.
c. Les punitions ainsi que les menaces ne l'*(impressionner)* impressionnent plus.

● *Phrase b* : le deuxième sujet (*aucun bruit*) englobe le premier (*la musique douce*) ; le verbe est donc au singulier.

2 Justifie les accords sujet-verbe.

a. Pierre ou Philippe me rejoindra à la piscine. → Le singulier signifie que c'est soit *Pierre*, soit *Philippe* qui *me rejoindra* (mais pas les deux).
b. Cet homme avec sa femme sont entrés chez le bijoutier. → Le pluriel signifie que l'auteur de cette phrase veut insister tout autant sur *cet homme* que sur *sa femme*.

● Dans le cas des sujets coordonnées par *ou*, l'accord dépend du **sens** de la phrase ; dans le cas des sujets coordonnés par *avec*, l'accord dépend de l'**intention** de celui qui écrit.

3 Écris à la forme qui convient les verbes entre parenthèses et souligne leur(s) sujet(s).

Jacques trouvait qu'il avait beaucoup à faire : baignade, sport ou lecture d'illustrés lui *(prendre)* prenaient déjà beaucoup de temps. Pour sa grand-mère, c'était « ne rien faire ». Le plus simple était de lui trouver un emploi. [...] Dans les petites annonces de la presse, commis ou coursier *(pouvoir)* pouvaient trouver un emploi. Mais les employeurs demandaient toujours que le candidat ou la candidate *(avoir)* eût au moins quinze ans.

● Dans la dernière phrase, le subjonctif imparfait (*eût*) est exigé par la concordance des temps (la forme *ait* du subjonctif présent serait toutefois acceptable à l'oral). L'accord est au singulier car il y a opposition entre *le candidat* et *la candidate*.

Orthographe

Accord du participe passé (1)

1 Lis le texte et accorde les participes passés si nécessaire.

Johann August Suter avait *réalisé* son plan méthodiquement. [...] Les hommes de troupe, *racolés* dans les bars d'Honolulu, s'étaient *mariés* avec des femmes californiennes qui les avaient *accompagnés* dans tous leurs déplacements. [...] Il n'était pas rare de voir des Blancs venir se présenter à la ferme, *attirés* par la renommée de l'établissement.

● *Mariés* est ici le participe passé d'un verbe pronominal (*se marier*) ; les participes passés des verbes pronominaux s'accordent selon des règles qui leur sont propres : pour t'entraîner, fais les exercices de l'unité 31.

2 Place ces participes passés (p.p.) dans le tableau suivant et vérifie tes accords.

p.p. = adjectifs qualificatifs	p.p. avec *être*	p.p. avec *avoir* (COD à droite)	p.p. avec *avoir* (COD à gauche)
racolés – attirés	mariés	réalisé	accompagnés

● Les seuls cas où le participe passé ne s'accorde pas sont ceux où il est employé avec l'auxiliaire *avoir*, lorsqu'il n'y a pas de COD, ou lorsque celui-ci est placé à droite du verbe.

3 Mets les verbes entre parenthèses au passé composé.

a. La ferme qu'il *(réaliser)* a réalisée est la Nouvelle-Helvétie. – b. Des fraises, tu en *(manger)* as mangé beaucoup. – c. C'est la découverte de l'or qui les *(ruiner)* a ruinés. – d. Des Blancs *(venir)* sont venus à la ferme. – e. Elles *(accompagner)* ont accompagné leurs maris.

● *Phrase b* : *en* est bien COD, mais c'est un pronom personnel adverbial qui n'entraîne aucun accord (dans l'usage cependant, il arrive que l'accord se fasse.)

4 Ajoute l'expression *ci-joint* dans les phrases suivantes.

a. Vous lirez les documents ci-joints. – b. Ci-joint des documents que vous voudrez bien lire. – c. Les feuilles ci-jointes devront être remplies.

● *Phrase b* : *ci-joint* reste invariable car il est placé devant le groupe nominal.

30 Orthographe — Accord du participe passé (2)

1 Lis le texte et souligne les participes passés suivis d'un verbe à l'infinitif.

Je m'approchai du lit et soulevai le corps du malheureux jeune homme. Sa bouche que j'avais vue sourire la veille n'offrait plus que l'expression d'une affreuse angoisse, les dents serrées. Il paraissait assez que sa mort avait été violente et son agonie terrible. Aidé de son père, j'écartai sa chemise : l'empreinte livide que nous avons aperçue alors se prolonger sur les côtes et le dos nous a  frémir. On eût dit qu'il avait été étreint dans un cercle de fer.

● Un mot peut se glisser entre le participe passé et l'infinitif, comme ici : *que nous avons aperçue* **alors** *se prolonger*.

2 Justifie l'orthographe des participes passés que tu as soulignés.

a. *vue* : accord avec le COD *que* mis pour *bouche*, placé à gauche du p.p. et qui fait l'action de *sourire*.
b. *aperçue* : accord avec le COD *que* mis pour *empreinte*, placé à gauche du p.p. et qui fait l'action de *se prolonger*.
c. *fait* : suivi d'un infinitif, *fait* reste invariable.

● Il est nécessaire de bien repérer l'antécédent du pronom relatif. C'est lui qui détermine le genre et le nombre du pronom relatif, avec lequel le participe passé peut s'accorder.

3 Accorde si nécessaire les participes passés en italique.

a. C'est bien la maison que nous avons *vue* brûler. – b. C'est bien la maison que nous avons *voulu* acheter. – c. Ces moustiques, nous les avons *observés* vous piquer. – d. Ce sont des idées que vous avez *fait* évoluer. – e. C'est la bague que tu as *préféré* garder.

● Dans la *phrase a*, c'est *la maison* qui fait l'action de *brûler* (donc accord), mais dans la *phrase b*, ce n'est pas *la maison* qui fait l'action d'*acheter*.

4 Réécris ce texte en mettant les verbes en italique au passé composé.

Les joueurs *se sont préparés*. Je les *ai vus* chausser à la hâte une paire de sandales. Ce fut un beau spectacle. Les balles que j'*ai aperçues* voler au-dessus du filet *ont prouvé* leur habileté.

● Accorder les p.p. des verbes pronominaux (comme *se sont préparés*) est difficile : si tu as besoin de t'entraîner, fais les exercices de l'unité suivante.

31 Orthographe — Accord du participe passé (3)

1 **Complète le texte avec les participes passés des verbes.**

La moto et la voiture ont *(faire)* fait le tour de la place et se sont *(arrêter)* arrêtées devant le café-épicerie de la Paulette Goudounèche. Les civils en imper et chapeau sont *(sortir)* sortis de l'auto, et se sont *(précipiter)* précipités vers le magasin. [...] M. Lacoste s'est *(adosser)* adossé à son bureau, a *(promener)* promené son regard sur la classe. [...] Tout à coup, la moto des Boches s'est *(mettre)* mise à ronfler, les deux types en imper sont *(remonter)* remontés dans leur auto. Les Allemands partis, les gens du bourg se sont *(retrouver)* retrouvés sur la place.

● Chaque participe passé doit être envisagé comme un cas particulier et accordé selon sa spécificité.

2 **Réécris la 3ᵉ phrase du texte en remplaçant « M. Lacoste » par « L'institutrice ».**

L'institutrice s'est adossée à son bureau, a promené son regard sur la classe.

● Le verbe *s'adosser* n'a pas de COD autre que le s' : le p.p. s'accorde donc avec le sujet.

3 **Parmi les verbes pronominaux suivants, souligne les 4 dont le pronom *se* est COI.**

se ressembler – s'écrouler – se regarder – se parler – se sourire – se déchaîner – se mentir.

● On dit *ressembler à..., parler à..., sourire à..., mentir à...* Ces verbes n'admettent pas de COD : leurs participes passés restent toujours invariables.

4 **Place dans les phrases suivantes ces participes passés, sans en changer l'orthographe : *serré — serrée — serrés — serrées*.**

a. Elles se sont serré la main. – b. Ils se sont serrés l'un contre l'autre. – c. Les mains qu'ils s'étaient serrées étaient froides. – d. Elle s'est serrée contre sa sœur.

● Le p.p. d'un même verbe pronominal peut prendre quatre orthographes différentes selon le contexte et la place des mots.

32 Orthographe —

1 **Souligne *même* s'il est adjectif indéfini, encadre-le s'il est adverbe.**

Tous subissent la même tonsure, portent le même froc, mangent le même pain noir, dorment sur la même paille, meurent sur la même cendre. Le même sac sur le dos, la même corde autour des reins. Il peut y avoir là un prince, ce prince est la même ombre que les autres. Plus de titre. Les noms de famille même ont disparu. [...]
Ils prient. Que veut dire ce mot ? Y a-t-il un infini hors de nous ? [...] Ne pouvons-nous nous attribuer à nous-mêmes que l'idée d'existence ?

● Pour t'assurer du fait que *même* est adverbe, tu peux essayer de refaire la phrase en remplaçant *même* par *aussi*, *de plus* ou *y compris* : *Les noms de famille **aussi** ont disparu.*

2 **Réécris la 1ʳᵉ phrase du texte en mettant les GN au pluriel.**

Tous subissent les mêmes tonsures, portent les mêmes frocs, mangent les mêmes pains noirs, dorment sur les mêmes pailles, meurent sur les mêmes cendres.

● Ici, *même* est dans tous les cas adjectif indéfini, il prend donc chaque fois la marque du pluriel.

3 Complète avec *même* ou *mêmes* et indique entre parenthèses s'il s'agit d'un adverbe (adv.) ou d'un adjectif indéfini (adj.).

a. Même (adv.) ses parents ne pouvaient y croire.
b. Ce sont les mêmes (adj.) films qu'hier.
c. Ce sont les raisons mêmes (adj.) de son départ.
d. Monsieur, vous avez travaillé vous-même (adj.) très tard, ce soir.
e. Elles n'osaient parler, même (adv.) doucement.
f. Ils ne pensent qu'à eux-mêmes (adj.).

● Phrase d : même est au singulier car *vous* ne désigne pas plusieurs personnes, mais une seule (Monsieur).

4 Complète chaque phrase avec l'une des expressions suivantes : *de même – à même – tout de même – ici même*.

a. Il dort à même le sol. – b. Mon frère est né ici même. – c. Agissez toujours de même. – d. Malgré ses difficultés, il a tout de même réussi.

● Ces expressions sont toutes invariables.

33 Orthographe — Qu'elle et quel(le)

1 Lis le texte et complète-le avec *qu'elle* ou *quel(le)*.

Avdotia ouvrit les yeux, s'appuya sur son coude, et se mit à écouter. La chanson qu'elle entendait retentissait, sonore et fière, dans l'air froid de la nuit. Akim aussi souleva la tête.
« Qui est-ce qui chante ? Quelle est cette voix ? demanda-t-il.
– Je ne sais pas, répondit sa femme.
– Il chante bien, reprit-il après un court silence. Quelle voix forte ! » Puis il se rendormit.
Avdotia se souleva doucement, et commença à se glisser hors du lit. [...] Elle s'approcha de la lampe et l'éteignit brusquement. Puis, effrayée de ce qu'elle venait de faire, elle retourna dans son lit.

● Pour *qu'elle entendait* et *qu'elle venait de faire*, tu peux remplacer *elle* par *il*.

2 Choisis la bonne orthographe.

a. *quel* ou *quelle* ? Je te demande quelle est la bonne direction.
b. *qu'elle* ou *qu'elles* ? Il faut qu'elle vienne me voir.
c. *quelle* ou *qu'elle* ? On dit qu'elle est une femme d'esprit.
d. *quelle* ou *qu'elle* ? Quelle qu'elle soit, cette punition est méritée.

● Phrase d : *elle* est mis pour *punition*. On pourrait avoir la phrase : *Quelle que soit la punition, elle est méritée. Quelle*, adjectif indéfini, s'accorde avec *punition*.

3 Complète le texte avec les mots de la liste suivante : *quel – quelle – quelles – qu'elle – qu'elles*.

Alors qu'elles venaient de s'asseoir face à face dans le bus, quelle ne fut pas leur surprise de découvrir leur erreur ! Quel diable s'était ainsi joué d'elles ! L'une répétait qu'elle était confuse, l'autre se demandait quelles explications elle pouvait donner.

● *Quel*, déterminant adjectif, s'accorde en genre et en nombre avec le nom qu'il détermine. Il peut ainsi prendre quatre formes différentes : *quel, quels, quelle, quelles*.

34 Orthographe — *Quel que* et *quelque*

1 **Complète avec *quelque* ou *quelques*.**
Tout à coup parut quelque chose de noirâtre, plat. Était-ce quelque mille pattes ? [...] À force de se dire « Qu'allais-je faire dans cette galère ? », Léon finit par apercevoir quelques rayons d'espérance.

• *Quelque* se trouve dans plusieurs expressions invariables : *quelque part, quelquefois* (en un seul mot), *quelque temps*...

2 **Coche la bonne orthographe.**
a. ☐ Quel que ☑ Quelle que soit la température, je me baigne.
b. Je fais ☐ quelques ☑ quelque quinze kilomètres par jour.
c. ☐ Quelque ☑ Quelle que soit la taille de ta maison, j'y reste.
d. Mes recherches donnent ☐ quelque ☑ quelques bons résultats.
e. ☐ Quelque ☑ Quel que soit le temps, tu fais du vélo.

• *Phrase b* : *quelque* a le sens d'*environ*, c'est donc un adverbe invariable.
• *Phrase d* : *quelques* est adjectif indéfini, il s'accorde avec le nom.

3 **Complète la phrase avec les mots de la liste suivante :** *quelles – qu'elles – quelque – quelques*.
Quelles que soient les quelques raisons invoquées, elles refusèrent de franchir ces quelque deux cents mètres qu'elles savaient pourtant sans difficulté.

• Attention à ne pas confondre *quelle(s)* et *qu'elle(s)* : as-tu fait les exercices de l'unité précédente ?

4 **Complète les phrases avec *quelque* ou *quel que*.**
a. Il reste quelques livres à vendre. – b. Les quelque dix livres restants sont à vendre. – c. Quelle que soit ta décision, sois prudent ! – d. Il faut que je lise encore ces quelque cent pages. – e. Quelles que soient ses raisons, il devra s'expliquer. – f. J'ai pris le même train il y a déjà quelques jours.

• *Phrases c et e* : *quelle que* et *quelles que* sont des pronoms relatifs indéfinis ; ils s'accordent avec le sujet du verbe au subjonctif.

35 Orthographe — L'accent circonflexe

1 **Réécris le texte en remplaçant « il » par « nous ».**
Nous *nous défilâmes* derrière de hauts faîtages et nous *gagnâmes* l'abri des arcs-boutants. Nous *nous souvînmes* de l'échelle. Nous *allâmes* voir si on pouvait la sortir sans bruit. Nous l'*emportâmes* jusqu'à la rotonde. Nous *dormîmes* très bien.

• Note bien les formes du verbe *venir* et de tous ses dérivés (ici, *se souvenir*) au passé simple : *nous vînmes, vous vîntes*.

2 **Réécris tous les verbes en italique dans le texte en commençant par « Il fallait que ».**
Il fallait qu'il se défilât, qu'il gagnât, qu'il se souvînt, qu'il allât, qu'il emportât, qu'il dormît.

• La concordance des temps exige ici l'imparfait du subjonctif (voir unité 46).

3 **Complète avec l'homophone qui convient (et accorde-le si nécessaire).**
a. *mur* ou *mûr* ? J'ai écrasé des fruits très mûrs contre le mur du jardin.
b. *boite* ou *boîte* ? Il boite un peu en portant une boîte trop lourde.
c. *sur* ou *sûr* ? Es-tu bien sûr(e) de l'avoir vu sur scène ?
d. *tache* ou *tâche* ? Il tâche de manger sans se faire de taches.

• L'accent circonflexe ne s'entend pas (ou très légèrement dans certains cas) à l'oral. Il faut donc mémoriser sa présence pour les mots les plus courants.

4 Pour chaque mot, trouve un mot de la même famille portant un accent circonflexe.
- a. ancestral → ancêtre
- b. festivité → fête
- c. hospice → hôpital
- d. intéresser → intérêt
- e. accoster → côte
- f. vestiaire → vêtement

● Quand tu as un doute sur l'accentuation d'un mot, cherche parmi les mots de la même famille pour voir s'il n'y a pas un *s* qui aurait disparu.

Orthographe

L'adverbe de négation *ne*

1 Complète le texte suivant avec *on* ou *on n'*.
On allait se cotiser pour avoir un trésor de guerre. « On n'y peut rien. Ça te coûtera une gifle ou deux, mais on n'a rien pour rien en ce bas monde, et puis si on a gueulé tant qu'on a pu avant que les vieux ne tapent, ils n'osent pas taper si fort. Si on est allé acheter pour deux sous de moutarde, on n'en prend que pour un rond et on raconte qu'on n'a eu que ça. »

● Chaque fois que tu hésites, regarde s'il y a un autre mot de sens négatif comme *pas, plus, jamais*... à droite du verbe ; tu peux aussi remplacer *on* par un autre pronom personnel sujet (*je, tu, il*...).

2 Complète les phrases avec *on* ou *on n'*.
a. Ah ! si on avait quelqu'un pour recoudre les boutons ! – b. On n'a jamais de sous. – c. On est en République. On n'est pas tous égaux ? – d. On n'a plus recommencé.

● À l'écrit, l'adverbe *ne* est obligatoire dans une phrase négative.

3 Ce texte est incorrect. Réécris-le en ajoutant *ne* quand il le faut.
Au moment d'entrer chez lui, il s'aperçut qu'il **n'**avait pas pris sa clef. Il craignit que personne **ne** soit là pour lui ouvrir. Il sonna. Personne **n'**ouvrit. Il **ne** restait qu'une solution. Escalader un étage et rentrer par la fenêtre ouverte. Il **n'**hésita que quelques secondes, et pensa que s'il **n'**était pas un héros, il **n'**était pas non plus un lâche.

● Les pronoms indéfinis *personne* et *rien* doivent toujours être accompagnés de l'adverbe *ne*.

Vocabulaire

L'origine d'un mot

1 Lis ces articles du dictionnaire, puis réponds aux questions.
a. Lequel de ces mots n'a subi aucune modification par rapport au mot d'origine ? Examen. – b. Lequel a subi des modifications orthographiques, mais a gardé une prononciation proche ? Vasistas. – c. Lesquels ont subi des transformations importantes ? Bouquin, cheval. – d. Lesquels ont un sens éloigné de celui du mot d'origine ? Examen, vasistas. – e. Lesquels ont un sens très proche de celui du mot d'origine ? Bouquin, cheval.

● La date qui apparaît est celle à laquelle le mot est attesté de façon certaine dans un texte écrit, mais le mot pouvait déjà exister : il n'y a pas de « date d'invention ».

2 Complète les phrases avec les mots de la liste suivante, qui sont des mots latins utilisés en français : *lapsus – quiproquo – alinéa – et cetera*.
a. Il y avait une multitude d'objets : assiettes, verres, bouteilles, et cetera.
b. Vous avez dit un mot pour un autre, c'était un lapsus.
c. Le comique de situation peut reposer sur un quiproquo.
d. Quand tu vas à la ligne, n'oublie pas de faire un alinéa.

● Tu peux écrire *et cetera* ou *et caetera* ou l'abréger en *etc.*

● Au pluriel, tu dois écrire : des *lapsus*, des *quiproquo*, des *alinéas*.

La dérivation

1 En changeant le préfixe de chaque verbe, trouve son contraire.
- **a.** inspirer → expirer
- **b.** détacher → attacher
- **c.** apprécier → déprécier
- **d.** apporter → emporter
- **e.** émigrer → immigrer
- **f.** déménager → emménager
- **g.** dissuader → persuader
- **h.** exploser → imploser

• *Ex-* signifie « vers l'extérieur », *dé-* contient l'idée d'éloignement, *in-* ou *im-* signifie « dans », mais peut aussi avoir un sens négatif, comme dans *immobile*.

2 Ajoute un suffixe aux mots suivants en suivant les indications.
- **a.** délicat → *(nom)* délicatesse → *(adverbe)* délicatement.
- **b.** maître → *(nom féminin)* maîtresse → *(verbe)* maîtriser.
- **c.** dent → *(nom d'une profession)* dentiste → *(adjectif)* dentelé.
- **d.** élégant → *(nom)* élégance → *(adverbe)* élégamment.

• C'est par l'ajout d'un suffixe que l'on crée un adverbe à partir d'un nom, un nom à partir d'un adjectif, un verbe à partir d'un nom, etc.

3 Donne le sens de chaque préfixe, puis donne un exemple de mot.
- **a.** poly = nombreux   exemple : polyphonie, polygone…
- **b.** kilo = mille   exemple : kilomètre, kilogramme…
- **c.** mono = seul, unique   exemple : monothéisme, monosyllabique…

• Ces trois préfixes viennent du grec et servent à former de nombreux mots.

4 Dans chaque série, raye l'intrus et indique le suffixe commun.
- **a.** chaleur – fraîcheur – voleur – ~~heure~~ – valeur – froideur : -eur.
- **b.** ~~sentiment~~ – aucunement – brusquement – gentiment – affreusement : -ment.
- **c.** bleuâtre – jaunâtre – blanchâtre – noirâtre – ~~psychiatre~~ : -âtre.

• *Série b* : *sentiment* est un nom.
• *Série c* : le suffixe *-âtre* est dépréciatif ; *-iatre* veut dire « le médecin ».

Champ lexical et champ sémantique

1 Lis cet article du dictionnaire, puis définis le champ sémantique du nom féminin *livre*.
Une livre peut être une unité de masse, une monnaie ancienne ou la monnaie utilisée au Royaume-Uni.

• Le nom féminin *livre* a plusieurs sens propres ; d'autres mots ont aussi un ou plusieurs sens figurés.

2 Lis ce début de poème, puis réponds aux questions.
- **a.** À quel champ lexical les mots en gras appartiennent-ils ?
Au champ lexical de la mer ou de la navigation.
- **b.** Relève les mots d'un autre champ lexical que tu nommeras.
Champ lexical de la nuit : *lune, ciel, étoiles, phares*.

• Les deux champs lexicaux se complètent et permettent à l'auteur de créer une ambiance, une atmosphère.

3 Dans la liste suivante, raye les mots n'appartenant pas au champ lexical de la joie.
rire – bonheur – sourire – ~~tristesse~~ – s'amuser – ~~deuil~~ – plaisir – gaieté – entrain – larmes – jubiler – pleurer – rayonner – se réjouir.

• Les mots peuvent appartenir à différents champs lexicaux. Cela dépend du contexte. On dit *pleurer de joie, des larmes de bonheur*.

40 Vocabulaire — Sens dénoté et sens connoté

1 Relie chaque mot à sa connotation.

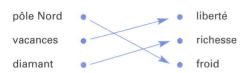

pôle Nord — liberté
vacances — richesse
diamant — froid

● Hors contexte, on donne les réponses les plus évidentes. Mais les *vacances* pourraient aussi bien connoter le *froid* (dans le contexte des vacances d'hiver).

2 Dans chaque série, raye le mot qui est connoté négativement.

a. un cheval – ~~une rosse~~ – un pur-sang – un étalon – une jument – un coursier.
b. ~~un patelin~~ – un village – un hameau – une ville – une métropole.

● *Patelin* peut aussi avoir une connotation positive (par exemple dans la phrase : *Quel joli petit patelin !*).

3 Lis ce texte, puis réponds aux questions.

a. Dans le dictionnaire, cherche le sens dénoté de :
– or : métal jaune et brillant.
– moire : étoffe présentant des parties mates et d'autres brillantes.
b. De quelles connotations ces mots sont-ils chargés ?
– or : richesse, féerie…
– moire : richesse, douceur…
c. D'après le texte, quelles connotations s'attachent aux noms de Molière, Voltaire et Rousseau dans l'esprit du « bourgeois de Paris » ?
Ces noms connotent le savoir, la vérité (« sur parole »).

● Dans la *question b*, on te demandait quelles étaient les connotations des mots sans faire référence au contexte : il y avait donc plusieurs réponses possibles. Dans la *question c*, on précisait *dans l'esprit du « bourgeois de Paris »*, il fallait donc chercher la réponse dans le texte.

41 Vocabulaire — Synonymes, antonymes…

1 Complète les phrases avec un synonyme du mot entre parenthèses.
Choisis parmi les mots de la liste suivante : espiègle – froissé – prolixe.

a. Il a pu être très *(vexé)* froissé par leurs paroles trop directes. – b. Mon voisin est terriblement *(bavard)* prolixe ! – c. Marc dissimule son caractère *(farceur)* espiègle sous un air sévère.

● Les synonymes n'ont pas exactement le même sens, il n'est donc pas indifférent d'utiliser l'un ou l'autre terme.

2 Complète le tableau suivant.

	Synonyme	Antonyme
succès	réussite	échec
tristesse	chagrin	joie

● Il y a d'autres réponses possibles.

3 Complète les phrases avec des homonymes des mots suivants :
chêne – mite – air.

a. Nous nous arrêtons sur une aire de service de l'autoroute.
b. Les mythes de la religion grecque sont captivants.
c. Les galériens portaient de lourdes chaînes.

● Le mot *air* a de nombreux homonymes : *aire*, mais aussi *ère, erre, hère*. *Hère* signifie « homme misérable », et « jeune cerf » : *hère* et *hère* sont homographes.

23

4 **Choisis parmi les paronymes celui qui convient.**
  a. *induire* ou *enduire* ? Il a été induit en erreur. – Les peintres doivent enduire le mur avant de le laquer.
  b. *irruption* ou *éruption* ? Tu as fait une brutale irruption dans la salle. – Le Vésuve est entré en éruption en 79 après J.-C.
  c. *incident* ou *accident* ? Un grave accident a eu lieu sur l'autoroute. – Tout cela peut se résumer en un incident diplomatique sans conséquence grave.

• Les paronymes sont sources d'erreurs collectives et tenaces : c'est le cas en particulier de *collision* (accident) et *collusion* (complicité) ; de *conjecture* (supposition) et *conjoncture* (situation, état de choses)…

 **Mot générique et mot spécifique**

1 **Lis le texte, puis réponds aux questions.**
  a. Relève trois mots génériques. Hors-d'œuvre, légumes verts, fruits.
  b. Quel mot générique peut désigner l'ensemble des mots en italique ? Plats de résistance.
  c. Remplace les mots en gras par un terme générique. Poissons.

• En alternant mots génériques et mots spécifiques, l'auteur produit un texte plus varié, moins monotone.

2 **Relie chaque nom générique à une liste de mots spécifiques.**

  cri ————→ claquement, grincement, explosion, frôlement
  vêtement ——→ croassement, rugissement, coassement, mugissement
  bruit ———→ charpentier, menuisier, architecte, peintre, boulanger
  métier ——→ imperméable, veston, écharpe, chemisier

• Un mot n'est générique que par rapport à d'autres mots, plus spécifiques : ici, *cri* est dans la liste des mots génériques, mais il peut aussi être considéré comme un mot spécifique par rapport au mot générique *bruit*.

3 **Pour chaque mot générique, donne trois noms spécifiques.**
  a. animal domestique : chien, chat, poule, canard, oie, lapin, vache…
  b. art : musique, peinture, sculpture, danse, gravure, architecture, poésie…
  c. les mois de l'été : juin, juillet, août, septembre.

• *Séries a et b* : les listes de mots spécifiques peuvent être allongées.

4 **Pour chaque série de mots spécifiques, donne un nom générique.**
  a. Europe, Afrique, Asie, Amérique : continents.
  b. mouche, moustique, frelon, guêpe, abeille : insectes.
  c. football, tennis, volley, basket, cyclisme : sports.

• Il fallait essayer de donner les mots les plus précis possibles, mais on peut proposer d'autres termes génériques.

 Les figures de style

1 **Lis le poème, puis réponds aux questions.**

Mignonne, allons voir si la rose
Qui ce matin avait déclose
Sa robe de pourpre au soleil
A point perdu cette vesprée
Les plis de sa robe pourprée
Et son teint au vôtre pareil.

Las ! voyez comme en peu d'espace
Mignonne, elle a dessus la place
Las, las ses beautés laissé choir !
Ô vraiment marâtre Nature,
Puisqu'une telle fleur ne dure
Que du matin jusques au soir ! […]

• *Questions a, b, c, et d* : tous ces procédés visent à rapprocher la rose et la jeune fille de façon à aboutir à l'identification de la jeune fille à la rose. La jeune fille doit comprendre que la vie lui réserve un sort identique à celui que subit la rose.

a. Encadre tous les mots qui personnifient la rose.
b. « Et son teint au vôtre pareil » : de quelle figure de style s'agit-il ? Il s'agit d'une comparaison.
c. Relève une métaphore. « Les plis de sa robe pourprée ».
d. Que désigne-t-elle ? Les pétales de la rose.
e. Souligne les deux vers qui commencent de la même façon. À ton avis, pourquoi le poète a-t-il fait ce choix ? Le poète attire l'attention de la jeune fille à laquelle il s'adresse en l'interpellant.

• *Question e* : il s'agit d'une anaphore.

2 Relie chaque mot à la périphrase qui lui correspond.

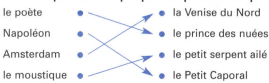

• Les périphrases permettent d'éviter des répétitions, ou de mettre en avant une caractéristique particulière de ce dont on parle.

 Vocabulaire

Analyse d'image

1 Observe l'image, puis réponds aux questions.
a. Quel type d'image observes-tu ? Il s'agit d'une peinture.
b. Quelle est la technique utilisée ? La technique utilisée est la peinture à l'huile.
c. Quel est le support de cette image ? Le support de l'image est une toile.
d. Quelles en sont les dimensions ? La toile est de grandes dimensions : 169 cm sur 216 cm.
e. Qui en est l'auteur ? Rembrandt (1606-1669).
f. Quelle est son époque ? La toile a été peinte en 1632, au XVIIe siècle.
g. Quel est le sujet de l'œuvre ? Le sujet de l'œuvre apparaît clairement, et est explicité par le titre : il s'agit d'une leçon d'anatomie donnée par le docteur Tulp.
h. Quelle place occupe le docteur, et qu'est-ce qui le distingue des « élèves » ? Le docteur est le seul personnage à se tenir sur la partie droite du tableau : il se distingue ainsi des élèves par la place qu'il occupe, mais aussi par son habillement, sa posture, ses gestes ; il est le seul personnage en action (il semble être en train de parler), les autres sont passifs, ils l'écoutent.

• Le cadrage est très important ici. Le « maître », avec son chapeau, son col, son scalpel, est seul dans la partie droite du tableau : c'est lui qui détient le savoir. Le « corps étudié » est horizontal, réduit à l'état d'objet statique, que l'éclairage oblige à regarder. Les autres personnages, à gauche, expriment curiosité, intérêt, attente, perplexité... La lumière se concentre sur ce qui est clair : les visages, le cadavre.

• Le choix de représenter une telle scène est audacieux pour l'époque, car l'Église interdisait toute étude du corps humain.

2 Ce tableau te semble-t-il réaliste ? Justifie ta réponse.
Ce tableau est réaliste : on perçoit jusqu'aux détails de l'anatomie, la blancheur du cadavre est renforcée par l'éclairage ; l'habillement des personnages, leurs postures, leurs regards les font paraître réels.

• Les tableaux de Rembrandt se caractérisent par leur réalisme et sont un précieux témoignage sur la vie aux Pays-Bas au XVIIe siècle.

Les procédés de reprise

1 **Lis le texte et réponds aux questions.**

a. Complète le tableau.

Élément nommé dans le texte	Procédé de reprise pronominale totale	Procédé de reprise pronominale partielle
Louis Cressé	il – il – le	
Baptiste	celui-ci	
Les actrices	elles – elles	certaines – les unes – d'autres

b. Quelle est la nature des déterminants en gras ? Adjectif possessif.
c. À quel mot renvoie « son » (placé devant « grand-père ») ? Baptiste.
d. À quels mots renvoie « ses » (placé devant « basques ») ? Son grand-père (Louis Cressé).

● Si l'emploi de l'adjectif possessif évite une répétition, le déterminant adjectif démonstratif fait parfois apparaître un jugement de valeur du narrateur : c'est le cas avec *ces* devant *coquines*.

2 **Réécris la phrase en remplaçant l'élément en italique par un pronom de reprise.**

a. Les actrices l'écoutent. *Des actrices* sourient. → Certaines sourient.
b. Louis est savant. Baptiste sait *que Louis est savant*. → Baptiste le sait.
c. Baptiste apprécie le théâtre. Il parle *du théâtre*. → Il en parle.

● Phrase b : le pronom *le* peut reprendre une proposition ou une phrase entière.

3 **Souligne les reprises nominales qui désignent Georges Pinel.**

Georges Pinel n'était pas très vieux mais il paraissait hors d'âge. Il ressemblait à une chouette. Baptiste le connaissait déjà et il l'aimait beaucoup. Quelques dimanches, cet incurable misanthrope les avait emmenés au théâtre dans sa propre voiture. Le professeur nourrissait pour l'atmosphère orageuse de l'hôtel de Bourgogne une telle passion qu'il surmontait son horreur de la foule.

● *Une chouette* n'est pas une reprise mais une **comparaison**.

4 **Que t'apprennent ces reprises sur le personnage de Georges Pinel ?**

Il n'aime pas les autres hommes (*misanthrope*) et cette situation ne peut être changée, ne peut être « soignée » (*incurable*). C'est un professeur.

● Les reprises nominales sont l'occasion de donner de nouvelles informations.

5 **Remplace le pronom *cela* par une de ces reprises nominales plus précises :** ce spectacle – ce résultat – ce choix – ce match – cette méthode.

a. Les joueurs de tennis ont bien joué. *Cela* fut passionnant. → ce match.
b. Il étudie les détails. *Cela* lui permet de résoudre les énigmes. → cette méthode.
c. Il a préféré jouer plutôt qu'étudier. *Cela* ne lui a pas réussi. → ce choix.
d. Tu finis premier. *Cela* est vraiment mérité. → ce résultat.
e. Elle est allée voir *L'Avare*. *Cela* l'a enchantée. → ce spectacle.

● Sais-tu qu'il y a une différence entre *ceci* et *cela* ? *Ceci* reprend ce qui est plus proche, ou annonce ce qui va suivre ; *cela* rappelle ce qui est plus éloigné, ou ce qui a déjà été dit.

6 **Complète ce texte en utilisant deux reprises nominales, un pronom personnel et deux adjectifs possessifs.**

Victor Hugo a vécu au XIXe siècle. Il a écrit *Notre-Dame de Paris*. Cet auteur était un écrivain engagé. Ses livres montrent souvent comment les hommes les plus misérables vivaient à son époque. Ce grand homme a d'ailleurs écrit un livre intitulé *Les Misérables*.

● Le déterminant démonstratif est nécessaire pour introduire les reprises nominales, de manière à ce que la reprise se fasse nettement vers Hugo.

46 La concordance des temps
Expression écrite

1 Lis le texte, souligne les verbes à l'indicatif présent, puis réponds aux questions.

> Je <u>forme</u> une entreprise qui n'eut jamais d'exemple et dont l'exécution n'aura point d'imitateur. [...] Je <u>sens</u> mon cœur et je <u>connais</u> les hommes. Je ne <u>suis fait</u> comme aucun de ceux que j'ai vus ; j'<u>ose</u> croire n'être fait comme aucun de ceux qui <u>existent</u>. Si je ne <u>vaux</u> pas mieux, au moins je <u>suis</u> autre.

a. Relève une proposition subordonnée dont l'action a lieu en même temps que celle de la principale. « qui existent » – « si je ne vaux pas mieux ».
À quel temps est son verbe ? Présent de l'indicatif.
b. Relève une proposition subordonnée dont l'action est postérieure à celle de la principale. « dont l'exécution n'aura point d'imitateur ».
À quel temps est son verbe ? Futur de l'indicatif.
c. Relève une proposition subordonnée dont l'action est antérieure à celle de la principale. « qui n'eut jamais d'exemple » – « que j'ai vus ».
À quel temps est son verbe ? Passé simple – passé composé de l'indicatif.
d. Réécris la première phrase en commençant par « Je formais ». Effectue les transformations nécessaires. Je formais une entreprise qui n'avait jamais eu d'exemple et dont l'exécution n'aurait point d'imitateur.

● *Question d* : le plus-que-parfait *avait eu* marque l'antériorité, et le conditionnel *aurait* marque le futur dans le passé.

2 Écris les verbes entre parenthèses à la forme qui convient.

a. Il imaginait qu'à sa publication prochaine, son livre n'*(avoir)* aurait aucun succès.
b. Quand il *(s'ennuyer)* s'ennuyait, il écrivait ses souvenirs.
c. Je sortirai la voiture quand tu *(ouvrir)* auras ouvert la porte du garage.

● *Phrase c* : le futur antérieur est nécessaire pour montrer l'antériorité dans le futur de l'action d'*ouvrir la porte* par rapport à l'action de *sortir la voiture*.

3 Lis le texte et mets les verbes entre parenthèses aux temps et modes qui conviennent.

Depuis que mon papa est mort, il a soin de la famille : de ma mère, de moi et de ma petite sœur. Avant que maman *(être)* fût malade, il la recommandait aux riches pour qu'on lui *(donner)* donnât de l'ouvrage. Le maire me donne une robe tous les ans, et le curé me montre le catéchisme et à lire depuis que mon oncle leur a parlé.

● Le verbe de la principale est à l'imparfait de l'indicatif, et l'action exprimée dans la subordonnée est postérieure à l'action exprimée dans la principale.

4 Réécris la 2ᵉ phrase en remplaçant « il la recommandait » par « il la recommande ».

Avant que maman soit malade, il la recommande aux riches pour qu'on lui donne de l'ouvrage.

● *Soit* et *donne* sont au subjonctif présent puisque le verbe de la principale est au présent de l'indicatif.

5 Coche la forme verbale qui convient.

a. Bien qu'il ☐ coure ☑ courût vite, il n'était pas le meilleur. – **b.** Il faut de la lumière, pour que nous ☐ voyons ☑ voyions clair. – **c.** Il était nécessaire qu'il ☐ aima ☑ aimât assez les bêtes pour devenir vétérinaire. – **d.** Il faut que le livre ☐ paraît ☑ paraisse en janvier.

● *Pour que, bien que, il faut/fallait que, il est/était nécessaire que* sont toujours suivis du subjonctif.

6 **Mets les verbes entre parenthèses à la forme qui convient en respectant toutes les règles de concordance.**

À travers les fenêtres, il vit que la pluie *(cesser)* avait cessé depuis un moment. Il fallait maintenant qu'il *(sortir)* sortît, s'il ne *(vouloir)* voulait pas rater son train. Bien qu'il *(hésiter)* hésitât encore un peu, il se dirigea vers la porte et l'ouvrit. Quelle ne fut pas sa surprise quand il *(apercevoir)* aperçut sur son paillasson un panier contenant un chiot endormi ! Il souleva délicatement le colis pour que l'animal ne *(se réveiller)* se réveillât pas. Il se mit à le contempler, oubliant l'heure qui *(passer)* passait. Le train ne comptait plus à présent pour lui !

• Tout le récit est au passé (indicatif et subjonctif). Il faut faire attention à la notion d'antériorité (*avait cessé*) et à l'orthographe des verbes au subjonctif imparfait.

 Expression écrite

Les connecteurs

1 **Souligne les connecteurs spatiaux et encadre les connecteurs temporels du texte suivant.**

Le sentier, [d'abord], montait entre des terrains vallonnés comme la pelouse d'un parc, [puis] arrivait sur un plateau où alternaient des pâturages et des champs en labour. <u>Çà et là</u>, un grand arbre mort faisait sur l'air bleu des zigzags avec ses branches.
Presque [toujours] on se reposait dans un pré, ayant Deauville <u>à gauche</u>, Le Havre <u>à droite</u> et <u>en face</u> la pleine mer.

• *D'abord, puis* sont des connecteurs temporels mais ici, comme souvent, ils ont davantage un rôle logique, puisqu'ils assurent la progression de la description.

2 **En changeant le connecteur, transforme la relation de cause en relation de conséquence, sans changer le sens de la phrase.**

a. Certains États s'inquiètent parce que la couche d'ozone diminue.
→ La couche d'ozone diminue, si bien que certains États s'inquiètent.
b. Tu es venu de bon matin car tu redoutes la chaleur.
→ Tu redoutes la chaleur, de sorte que tu es venu de bon matin.

• Il est tout à fait possible d'utiliser tout autre connecteur rendant compte de la même relation logique : *donc, c'est pourquoi...*

3 **Lis le texte et inscris tous les connecteurs dans le tableau ci-dessous.**

Relations logiques	Connecteurs logiques
Cause	car – en effet – car
Conséquence	ainsi
Opposition	mais – mais
Addition	or

• Seuls sont considérés comme connecteurs les mots-outils reliant des phrases ou des propositions (et non des mots) ; ainsi les conjonctions de coordination ne sont pas toujours utilisées comme connecteurs logiques.

4 **Les liens logiques sont implicites dans le texte suivant. Ajoute des connecteurs de manière à les mettre en évidence.**

Ce bon geôlier […], c'est la prison incarnée […]. Tout est prison autour de moi ; en effet je trouve la prison sous toutes les formes, sous la forme humaine comme sous la forme de grille ou de verrou. Ce mur d'abord, c'est de la prison en pierre ; cette porte ensuite, de la prison en bois ; ces guichetiers enfin, c'est de la prison en chair et en os. La prison est une espèce d'être horrible, complet, indivisible, moitié maison, moitié homme. Or je suis sa proie, elle me couve, elle m'enlace de tous ses replis. C'est pourquoi elle m'enferme dans ses murailles de granit, me cadenasse sous ses serrures de fer, et me surveille avec ses yeux de geôlier.

• Le choix d'autres connecteurs est possible. Cependant il est nécessaire de respecter la cohérence logique du texte : *en effet* par exemple peut être remplacé par *car* ou par un autre mot, mais ce mot doit rendre compte du lien de cause qui unit les phrases.

48 Expression écrite — Le point de vue

1 Dis selon quels points de vue est raconté le texte suivant et justifie ta réponse.

Le début présente un point de vue externe : on voit l'homme de « l'extérieur ». Mais le point de vue devient interne à partir de la 4e phrase (« Une seule idée... »). À partir de ce moment, on suit les pensées de l'homme, ses intentions.

● On peut aussi considérer que la 3e phrase relève déjà du point de vue interne : en effet, le narrateur semble connaître les intentions du personnage (*pour glisser...*) et ses sensations (*le gênait*).

2 Définis le point de vue de cet extrait et justifie ta réponse.

Le point de vue est omniscient. Le récit est à la 3e personne et on connaît les sentiments et réactions des deux personnages en présence.

● Des éléments du texte trahissent la présence du narrateur (*pauvre enfant !*, *cette âme de fer*) : ce sont des modalisateurs.

3 Définis le point de vue de cet extrait, et dis quel est l'effet produit.

Le point de vue est externe. Nous pouvons voir la scène, nous la représenter comme si une caméra nous rendait l'image. Le narrateur semble effacer sa présence pour prouver son objectivité.

● Les verbes de perception, les notations de lumière, les pronoms indéfinis (*on*), placent le narrateur comme spectateur externe.

4 Souligne les marques de modalisation dans les phrases suivantes et précise ce qu'elles indiquent : appréciation ou probabilité.

a. Il se peut que le spectacle soit reporté à une date ultérieure. → probabilité.
b. D'après moi, il n'est pas possible d'arriver à l'heure. → appréciation.
c. Il est peut-être malade. → probabilité.
d. Malheureusement, il n'a pas réussi son examen. → appréciation.

● Dans les *phrases b* et *d*, les modalisateurs introduisent une part de **subjectivité** dans l'énoncé.

5 Transforme les phrases suivantes de façon à introduire le point de vue de l'émetteur, en suivant l'indication entre parenthèses.

a. Il a lu ce journal plusieurs fois.
→ (appréciation) D'après moi, il a lu ce journal plusieurs fois.
b. La tempête a tout emporté.
→ (probabilité) La tempête a sûrement tout emporté.

● Il y a d'autres réponses possibles. Pour la *phrase b* par exemple, de nombreux autres adverbes conviennent : *peut-être, sans doute, certainement...*

49 Expression écrite — Discours direct et indirect

1 Indique pour chaque phrase si les paroles sont rapportées au discours direct ou indirect.

a. Le boulanger lui a demandé ce qu'il voulait. → discours indirect.
b. « Tu dors ? demande Marc.
– Non, je fais semblant », répond Éric, les yeux fermés. → discours direct.
c. Il dit en regardant autour de lui qu'il reviendrait vite. → discours indirect.

● *Phrases a* et *c* : on a un verbe introducteur, une proposition principale et une subordonnée.

● *Phrase b* : on a des guillemets, un tiret, des verbes de parole.

2 **Réécris les phrases suivantes en utilisant le discours indirect.**

a. « Je suis arrivée hier et demain je retournerai chez moi. »
→ Elle disait qu'elle était arrivée la veille et que le lendemain, elle retournerait chez elle.
b. « Sarah, viendras-tu après-demain à la plage ? »
→ Il demandait à Sarah si elle viendrait à la plage le surlendemain.
c. « Dans une semaine, je déménage. »
→ Il annonçait qu'une semaine plus tard, il déménageait.
d. « Quand pourras-tu venir me chercher ? »
→ Elle lui demande quand il/elle pourra venir la chercher.
e. « Tu n'as rien fait depuis la semaine dernière. »
→ Il lui disait qu'il/elle n'avait rien fait depuis la semaine précédente.

● Observe les changements d'indicateurs de temps : *hier* → *la veille* ; *demain* → *le lendemain* ; *après-demain* → *le surlendemain* ; *la semaine dernière* → *la semaine précédente*…

3 **Souligne les passages au discours indirect libre et délimite par des crochets le récit de paroles.**

L'agent marmonnait. Il allait appeler leurs parents. Ils finiraient par comprendre ! Lui, ne pouvait plus tolérer leurs sempiternelles bêtises. [Il déversa sur eux encore mille reproches et menaces.] Il s'arrêta enfin à l'arrivée de son collègue.

● Au **discours indirect**, on aurait : *Il disait qu'il allait appeler leurs parents. Il disait qu'ils finiraient par comprendre. Il disait que lui,…* Le **discours indirect libre** permet d'alléger le récit.

4 **Réécris les deux phrases en italique en utilisant le discours indirect libre.**

a. *Cela m'était égal et nous pourrions le faire si elle le voulait.*
b. *Cela n'avait aucune importance et si elle le désirait, nous pouvions nous marier.*

● Quand on rapporte un dialogue, il est difficile d'utiliser le discours indirect libre car on ne sait plus alors à qui revient chaque phrase.

5 **Réécris le dialogue en utilisant le récit de paroles et en imaginant que Mischa s'adresse à un de ses amis.**

Le type de l'immigration m'a demandé mon nom, et quand je le lui ai dit, il a manifesté son mépris et a décidé que je m'appellerais Jack.

● Si on avait voulu être le plus bref possible, on aurait pu dire : *J'ai parlé avec le type de l'immigration.*

  Expression écrite

Le texte argumentatif

1 **Quelle thèse Voltaire cherche-t-il à prouver ? Coche la bonne réponse.**

☐ Le « beau » est indéfinissable.
☐ Tous les goûts sont dans la nature.
☐ Les goûts du crapaud et du diable diffèrent.
☑ La notion de « beau » est très relative.

● L'idée de « beau » sous-tend les deux exemples, celui du crapaud et celui du diable ; leur appréciation étant très différente, la relativité de la notion de « beau » est bien mise en évidence.

2 **Lis le texte et réponds aux questions.**

Mesdames et messieurs les jurés, vous devez aujourd'hui juger cette femme. Ce que j'ai à vous dire est simple : si elle a bien commis un vol, elle n'en est pas pour autant coupable, car le véritable coupable est la société ! [En effet, personne ne naît voleur ou assassin, mais on le devient, à force de

● Ce type de discours s'appelle une plaidoirie. L'avocat cherche à convaincre son auditoire par tous les moyens possibles et utilise donc différents types d'arguments

souffrances.] Le grand Victor Hugo a dit : « Tel a assassiné sur les grands routes qui, mieux dirigé, eût été le plus excellent serviteur de la société. » Que penser alors de cette pauvre femme qui, voyant son petit enfant grelottant de froid malgré ses efforts pour le réchauffer, a mis sa propre liberté en péril pour le secourir ?

a. À ton avis, qui prononce ce discours argumentatif ? Un avocat.
b. Souligne le passage qui énonce la thèse, et relève les mot qui l'annoncent. « Ce que j'ai à vous dire est simple ».
c. Délimite par des crochets la phrase qui énonce un argument théorique.
d. Quel est le type d'argument utilisé dans la phrase en gras ? Un argument d'autorité.
e. Quel sentiment l'orateur veut-il provoquer dans la dernière phrase ? La pitié.

● Les avocats ont aussi parfois recours au registre pathétique (comme ici dans la dernière phrase) : il s'agit d'émouvoir les jurés pour qu'ils se montrent cléments.

3 Lis le texte, puis réponds aux questions.

a. Qui prononce ce discours ? Robert Badinter (ministre de la Justice de 1981 à 1986).
b. À qui s'adresse-t-il ? Aux députés.
c. Dans quelles circonstances ? R. Badinter fait un discours à l'Assemblée nationale.
d. Dans quel but ? Convaincre les députés de voter l'abolition de la peine de mort.
e. Sur quelle figure de style l'argumentation est-elle construite ? Sur une anaphore.
f. Quelle est la figure de style utilisée dans l'expression en gras ? Un oxymore.

● L'oxymore (*une justice qui tue*) a ici une visée argumentative et fait apparaître la contradiction entre l'idée de justice et la peine de mort.

● L'anaphore (*Demain*…) contribue à créer une tension, qui progresse jusqu'à la phrase finale : « Demain, vous voterez l'abolition de la peine de mort. »

4 Relie chaque argument (1, 2, 3) à l'exemple qui l'illustre (A, B, C), puis réponds aux questions.

1. Être à l'école avec les autres élèves, c'est apprendre à vivre en société.

2. Grâce à l'école, on peut choisir son avenir en toute connaissance de cause.

3. On acquiert, à l'école, un savoir indispensable pour la vie.

A. Beaucoup de métiers demandent des compétences qu'on ne peut acquérir si on n'a pas appris à lire, écrire, compter.

B. Il faut que tous respectent les règles : se mettre en rang, rester assis, lever la main.

C. L'école permet de découvrir une multitude de domaines et d'avoir des connaissances diversifiées ; elle aiguise et guide nos goûts.

a. Classe ces arguments, et indique par quel connecteur tu les relierais. Argument n° 1 → Connecteur : De plus → Argument n° 3 → Connecteur : Enfin → Argument n° 2.
b. Quelle thèse ces arguments défendent-ils ? Aller à l'école est utile et indispensable.

● Les trois arguments sont importants. On va donc choisir de les classer du plus évident au moins évident : l'*argument n° 1* (l'école prépare à la vie en société) est un lieu commun ; l'*argument n° 3* (l'école est indispensable pour acquérir des savoirs) est également un argument récurrent ; l'*argument n° 2* formule une idée à la fois très importante et moins évidente, on va donc le garder pour la fin, pour soutenir l'attention du destinataire : l'école montre aux élèves de multiples domaines « qui ne serviront à rien » dans une vie, mais qui leur permettront un choix d'orientation en toute connaissance de cause.

51 Expression écrite — Textes informatif et explicatif

1. Indique à la suite de chaque texte s'il est informatif ou explicatif.

a. Qu'est-ce qu'un connecteur ? Un connecteur est un mot-outil qui permet de mettre en évidence l'organisation d'un texte, sa progression. → explicatif.
b. Comme tous les ans, cette année du 6 au 27 juillet, se tient à Avignon le festival dont la notoriété est internationale. → informatif.
c. Comment est financé le festival d'Avignon ? Le budget est financé pour environ 60 % par des subventions publiques, 35 % par les recettes de billetterie, et le reste par des financements privés et des ressources propres. → explicatif.
d. Vacances tranquilles. En Europe, les professionnels du tourisme se mobilisent pour vous satisfaire. Hôtels, restaurants, cafés, campings... s'engagent dans une exigence de qualité. Leur site Internet vous donne tous les renseignements. → informatif.

● Les textes explicatifs répondent à des questions, ce qui est le cas pour les *textes a* et *c*.

2. Lis ce texte et réponds aux questions.

Grande figure du théâtre polonais et européen, Krystian Lupa, 62 ans, est un inconnu pour les amateurs d'opéra. Et pour cause. Cet inventeur du « réalisme magique » aborde le genre pour la première fois. [...] Né en Silésie en 1943, Krystian Lupa devient vite l'un des grands maîtres du théâtre polonais avec Andrzej Wajda. Il œuvre, depuis 1985, au théâtre Stary de Cracovie, dont la réputation dépasse, et de loin, celle de l'orgueilleux Narodowy de Varsovie. Les Français ont fait sa connaissance en 2000, au festival d'Avignon d'abord, puis au théâtre de l'Odéon, à Paris, à la rentrée 2006.

a. À quel temps sont la plupart des verbes ? Au présent de l'indicatif.
b. À quelle personne sont les verbes ? À la 3e personne.
c. Souligne les connecteurs.
d. S'agit-il d'un texte explicatif ou informatif ? Il s'agit d'un texte informatif.

● *Question c* : *et pour cause* met en valeur l'enchaînement logique et dénonce la présence de l'émetteur ; *d'abord* et *puis* mettent en évidence l'enchaînement chronologique.

● *Question d* : ce texte présente une personnalité et sa carrière ; le grand nombre de dates souligne la chronologie ; les verbes sont au présent.

3. Lis cet article de journal et réponds aux questions.

La coupe du monde de football a démarré le 6 juin dernier, avec son lot de surprises, de joies et de déceptions au fil des prestations des sélections nationales en compétition. En Afrique, hormis les représentants africains, les Bleus de la France demeurent l'équipe qui bénéficie le plus de la ferveur des supporters. Et pour cause, ils sont légion ici à considérer les poulains de Domenech comme une sélection africaine. En raison de la forte présence de joueurs d'origine africaine ou des DOM-TOM. Rien d'étonnant, donc, que les uns et les autres aient été divisés lors du match des Bleus contre le Togo.

a. Quel est le thème de départ ? La coupe du monde de football.
b. Quel sous-thème est traité ensuite ? L'attitude favorable de l'Afrique à l'égard de l'équipe de France.
c. Déduis-en de quelle manière progresse l'information. On part d'un thème générique et on poursuit avec un sous-thème spécifique.
d. Souligne les connecteurs et encadre les modalisateurs.

● Le texte est nettement informatif. La présence de l'émetteur de l'article (le journaliste) est cependant sensible à travers le connecteur *et pour cause* et le modalisateur *rien d'étonnant* : ces deux expressions chargent d'un contenu implicite les phrases qui les suivent.

4. Remets dans l'ordre ces phrases, tirées d'un article intitulé « Le Curcuma, épice miraculeuse ».

1 = b → 2 = e → 3 = d → 4 = a → 5 = c → 6 = f.

● La progression est rigoureuse : les phrases *b* et *e* posent le sujet ; les connecteurs soulignent l'enchaînement des informations.

30 Orthographe
Accorder un participe passé suivi d'un infinitif

Quand un verbe conjugué avec *avoir* est suivi d'un infinitif, on distingue trois cas.

● Le participe passé **s'accorde avec le COD**, si celui-ci fait l'action exprimée par l'infinitif : *Les oiseaux, je les ai enten**dus** chanter.* → ce sont *les oiseaux* qui font l'action de *chanter* : le participe passé du verbe *entendre* s'accorde avec *les* mis pour *oiseaux*.

● Le participe passé **ne s'accorde pas avec le COD**, si celui-ci subit l'action exprimée par l'infinitif : *Cette chanson, je l'ai souvent enten**du** fredonner.* → ce n'est pas *la chanson* qui *fredonne* : le participe passé du verbe *entendre* reste invariable.

● Le participe passé **fait** suivi de l'infinitif est toujours invariable :
*Ces fleurs, je les ai **fait** pousser pour toi.*

1 Lis le texte et souligne les participes passés suivis d'un verbe à l'infinitif.

> Je m'approchai du lit et soulevai le corps du malheureux jeune homme. Sa bouche que j'avais vue sourire la veille n'offrait plus que l'expression d'une affreuse angoisse, les dents serrées. Il paraissait assez que sa mort avait été violente et son agonie terrible. Aidé de son père, j'écartai sa chemise : l'empreinte livide que nous avons aperçue alors se prolonger sur les côtes et le dos nous a fait frémir. On eût dit qu'il avait été étreint dans un cercle de fer.
>
> D'après P. Mérimée, *La Vénus d'Ille*, 1837.

Tu dois souligner trois participes passés.

2 Justifie l'orthographe des participes passés que tu as soulignés dans l'exercice 1.

a. ....

b. ....

c. ....

3 Accorde si nécessaire les participes passés en italique.

a. C'est bien la maison que nous avons *vu*...... brûler. – b. C'est bien la maison que nous avons *voulu*....... acheter. – c. Ces moustiques, nous les avons *observé*....... vous piquer. – d. Ce sont des idées que vous avez *fait*....... évoluer. – e. C'est la bague que tu as *préféré*....... garder.

4 Réécris ce texte en mettant les verbes en italique au passé composé.

Les joueurs *se préparèrent*. Je les *vis* chausser à la hâte une paire de sandales. Ce fut un beau spectacle. Les balles que j'*aperçus* voler au-dessus du filet *prouvèrent* leur habileté.

....

....

....

....

31 Orthographe
Accorder le participe passé d'un verbe pronominal

- Si le participe passé du verbe pronominal **n'est pas suivi d'un COD** :
  – il **s'accorde** en genre et en nombre avec le sujet, si le pronom réfléchi est COD :
  Ils se sont regardés. → c'est-à-dire *ils ont regardé eux* = COD de *regarder* → accord avec le sujet.
  – il reste **invariable**, si le pronom réfléchi est COI :
  Ils se sont écrit. → c'est-à-dire *ils ont écrit à eux* = COI de *écrire* → p.p. invariable.
- Si le participe passé du verbe pronominal **a un COD autre que le pronom réfléchi** :
  – il **s'accorde** en genre et en nombre avec ce COD si celui-ci est à sa gauche :
  Ce sont les chaises qu'il s'est achetées. → *que* mis pour *les chaises* est le COD de *acheter* et se trouve à gauche du verbe → accord avec le COD *que*.
  – il reste **invariable** si ce COD est à sa droite :
  Elle s'est lavé les mains. → *les mains* = COD à droite → p.p. invariable.

1 Complète le texte avec les participes passés des verbes entre parenthèses.

La moto et la voiture ont *(faire)* .... le tour de la place et se sont *(arrêter)* .... devant le café-épicerie de la Paulette Goudounèche. Les civils en imper et chapeau sont *(sortir)* .... de l'auto, et se sont *(précipiter)* .... vers le magasin. [...] M. Lacoste s'est *(adosser)* .... à son bureau, a *(promener)* .... son regard sur la classe. [...] Tout à coup, la moto des Boches s'est *(mettre)* .... à ronfler, les deux types en imper sont *(remonter)* .... dans leur auto. Les Allemands partis, les gens du bourg se sont *(retrouver)* .... sur la place.

D'après D. et M. Jeury, *Le Printemps de Thomas* © Nathan, 2004.

> Il y a cinq verbes pronominaux.

2 Réécris la 3ᵉ phrase du texte en remplaçant « M. Lacoste » par « L'institutrice ».

L'institutrice ....
.... sur la classe.

3 Parmi les verbes pronominaux suivants, souligne les 4 dont le pronom *se* est COI.

se ressembler – s'écrouler – se regarder – se parler – se sourire – se déchaîner – se mentir.

4 Place dans les phrases suivantes ces participes passés, sans en changer l'orthographe : *serré – serrée – serrés – serrées*.

a. Elles se sont .... la main. – **b.** Ils se sont .... l'un contre l'autre. – **c.** Les mains qu'ils s'étaient .... étaient froides. – **d.** Elle s'est .... contre sa sœur.

32 Orthographe
Écrire le mot *même* : adverbe, déterminant ou pronom

- *Même* **est variable s'il est adjectif indéfini.** On distingue alors deux cas :
  – devant un nom, il est à droite d'un autre déterminant : *les mêmes choses* ;
  – après un nom ou un pronom, il renforce ce nom ou ce pronom : *Ce sont ses paroles mêmes. Eux-mêmes n'y croient pas.*

- *Même* **est variable s'il est pronom indéfini** : il est alors employé seul et précédé d'un déterminant : *Ces livres ? Ce sont toujours les mêmes.*

- *Même* **est invariable s'il est adverbe** avec le sens de *aussi, y compris* :
  Même les lions avaient peur. Les tigres, les panthères même tremblaient.

1 Lis le texte. Souligne *même* s'il est adjectif indéfini, encadre-le s'il est adverbe.

> Tous subissent la même tonsure, portent le même froc, mangent le même pain noir, dorment sur la même paille, meurent sur la même cendre. Le même sac sur le dos, la même corde autour des reins. Il peut y avoir là un prince, ce prince est la même ombre que les autres. Plus de titre. Les noms de famille même ont disparu. [...]
> Ils prient. Que veut dire ce mot ? Y a-t-il un infini hors de nous ? [...] Ne pouvons-nous nous attribuer à nous-mêmes que l'idée d'existence ?
>
> V. Hugo, *Les Misérables*, 1862.

Tu ne dois trouver qu'un seul adverbe.

2 Réécris la 1re phrase du texte en mettant les groupes nominaux au pluriel.

Tous subissent les ....

.... cendres.

3 Complète avec *même* ou *mêmes* et indique entre parenthèses s'il s'agit d'un adverbe (adv.) ou d'un adjectif indéfini (adj.).

a. .... (........) ses parents ne pouvaient y croire.

b. Ce sont les .... (........) films qu'hier.

c. Ce sont les raisons .... (........) de son départ.

d. Monsieur, vous avez travaillé vous- .... (........) très tard, ce soir.

e. Elles n'osaient parler, ... (........) doucement.

f. Ils ne pensent qu'à eux- .... (........).

4 Complète chaque phrase avec l'une des expressions suivantes : *de même – à même – tout de même – ici même.*

a. Il dort .... le sol. – b. Mon frère est né .... – c. Agissez toujours .... – d. Malgré ses difficultés, il a .... réussi.

33 Orthographe
Distinguer *qu'elle* et *quel(le)*

- ***Qu'elle*** (ou *qu'elles*) **est l'association d'une conjonction ou d'un pronom (*que*) élidé et du pronom personnel féminin de 3ᵉ personne** (singulier ou pluriel : *elle* ou *elles*) :
– si *qu'elle(s)* est suivi d'un verbe, on peut lui substituer *que je, que tu, qu'il...* : *Il faut qu'elle vienne.* → *Il faut qu'il vienne.*
– si *qu'elle(s)* n'est pas suivi d'un verbe, on peut lui substituer *que lui, que moi...* : *Tu es plus grand qu'elle.* → *Tu es plus grand que lui.*

- ***Quel*** (ou *quelle*) **est un déterminant adjectif**. Selon le cas, il est :
– suivi d'un nom avec lequel il s'accorde : *Quelle heure est-il ?* → *Quelle* est adjectif interrogatif. *Quelle chance !* → *Quelle* est adjectif exclamatif.
– en position d'attribut du sujet : *Quelle est cette chanson ?*

1 Lis le texte et complète-le avec *qu'elle* ou *quel(le)*.

Avdotia ouvrit les yeux, s'appuya sur son coude, et se mit à écouter. La chanson .... entendait retentissait, sonore et fière, dans l'air froid de la nuit. Akim aussi souleva la tête.

« Qui est-ce qui chante ? .... est cette voix ? demanda-t-il.

– Je ne sais pas, répondit sa femme.

– Il chante bien, reprit-il après un court silence. .... voix forte ! » Puis il se rendormit. Avdotia se souleva doucement, et commença à se glisser hors du lit. [...] Elle s'approcha de la lampe et l'éteignit brusquement. Puis, effrayée de ce .... venait de faire, elle retourna dans son lit.

D'après I. S. Tourgueniev, *L'Auberge de grand chemin*, 1852, trad. L. Viardot.

Quand tu hésites, tente des substitutions avec *qu'il, que lui...*

2 Choisis la bonne orthographe.

a. *quel* ou *quelle* ? Je te demande qu.............. est la bonne direction.

b. *qu'elle* ou *qu'elles* ? Il faut qu.............. vienne me voir.

c. *quelle* ou *qu'elle* ? On dit qu.............. est une femme d'esprit.

d. *quelle* ou *qu'elle* ? Qu.............. qu.............. soit, cette punition est méritée.

3 Complète le texte avec les mots de la liste suivante : *quel – quelle – quelles – qu'elle – qu'elles.*

Alors .... venaient de s'asseoir face à face dans le bus, ... ne fut pas leur surprise de découvrir leur erreur ! .... diable s'était ainsi joué d'elles ! L'une répétait .... était confuse, l'autre se demandait .... explications elle pouvait donner.

34 Orthographe
Distinguer *quel que* et *quelque*

- ● ***Quel que***, locution en deux mots, est un **pronom relatif indéfini** toujours suivi du subjonctif ; *quel* s'accorde en genre et en nombre avec le sujet du verbe au subjonctif :
Quelle que soit la saison, nous viendrons. → *Quelle* s'accorde avec *saison* (féminin singulier), sujet du verbe au subjonctif *soit*.

- ● ***Quelque***, écrit en un seul mot, peut être :
– un **adjectif indéfini variable** :
Elle rêve à quelque beau voyage. → au singulier, *quelque* a le sens de l'article *un*.
Il achète quelques fleurs. → au pluriel, *quelques* a le sens de *plusieurs*.
– un **adverbe invariable** :
Il a travaillé quelque vingt jours. → *quelque*, adverbe, a le sens d'*environ*.

1 Complète avec *quelque* ou *quelques*.

Tout à coup parut .... chose de noirâtre, plat. Était-ce .... mille pattes ? [...] À force de se dire « Qu'allais-je faire dans cette galère ? », Léon finit par apercevoir .... rayons d'espérance.

D'après P. Mérimée, *La Chambre bleue*, 1872.

2 Coche la bonne orthographe.

a. ❏ Quel que ❏ Quelle que soit la température, je me baigne.
b. Je fais ❏ quelques ❏ quelque quinze kilomètres par jour.
c. ❏ Quelque ❏ Quelle que soit la taille de ta maison, j'y reste.
d. Mes recherches donnent ❏ quelque ❏ quelques bons résultats.
e. ❏ Quelque ❏ Quel que soit le temps, tu fais du vélo.

3 Complète la phrase avec les mots de la liste suivante : *quelles – qu'elles – quelque – quelques*.

.... que soient les .... raisons invoquées, elles refusèrent de franchir ces .... deux cents mètres .... savaient pourtant sans difficulté.

4 Complète les phrases avec *quelque* ou *quel que*.
Fais les accords nécessaires.

a. Il reste .... livres à vendre. – b. Les .... dix livres restants sont à vendre. – c. .... soit ta décision, sois prudent ! – d. Il faut que je lise encore ces .... cent pages. – e. .... soient ses raisons, il devra s'expliquer. – f. J'ai pris le même train il y a déjà .... jours.

> Commence par te demander quelle est la classe grammaticale du mot que tu dois écrire, puis songe aux accords.

35 Orthographe
Utiliser l'accent circonflexe

- L'accent circonflexe existe dans quelques **terminaisons verbales** :
  – au passé simple de l'indicatif (1re et 2e pers. du pluriel) : *nous eûmes, vous chantâtes...*
  – à l'imparfait du subjonctif (3e pers. du singulier) : *qu'il parlât, qu'il fût...*
- L'accent circonflexe permet de distinguer des **homophones** :
  mur – mûr (donc *murer – mûrir*) ; *sur – sûr* ; *chasse – châsse* (= coffre)...
- L'accent circonflexe a remplacé certaines **consonnes disparues** (un *s* dans la majorité des cas) quand l'orthographe a été fixée. On le voit en rapprochant des mots de la même famille : *hôpital* mais *hospitalité, hospitalier* ; *forêt* mais *forestier*.
- L'accent circonflexe, **en fin de mot**, ne se trouve que sur une voyelle suivie de la lettre *t* : *arrêt, impôt* (attention au verbe *croître – je croîs, je crûs...* – qui est une exception).

1 Réécris le texte, sans changer le temps des verbes, en remplaçant « il » par « nous ».

> Il *se défila* derrière de hauts faîtages et il *gagna* l'abri des arcs-boutants. Il *se souvint* de l'échelle. Il *alla* voir si on pouvait la sortir sans bruit. Il l'*emporta* jusqu'à la rotonde. Il *dormit* très bien.
>
> D'après J. Giono, *Le Hussard sur le toit* © Gallimard, 1951.

....

....

....

....

2 Réécris tous les verbes en italique dans le texte en commençant par « Il fallait que ».

Il fallait qu'il ...., qu'il ...., qu'il ...., qu'il ...., qu'il ...., qu'il ....

> Il y a toujours un accent circonflexe et un -*t* à la 3e personne du singulier du subjonctif imparfait.

3 Complète avec l'homophone qui convient (et accorde-le si nécessaire).

a. *mur* ou *mûr* ? J'ai écrasé des fruits très .... contre le .... du jardin.

b. *boite* ou *boîte* ? Il .... un peu en portant une .... trop lourde.

c. *sur* ou *sûr* ? Es-tu bien .... de l'avoir vu .... scène ?

d. *tache* ou *tâche* ? Il .... de manger sans se faire de ....

4 Pour chaque mot, trouve un mot de la même famille portant un accent circonflexe.

a. ancestral → .... d. intéresser → ....

b. festivité → .... e. accoster → ....

c. hospice → .... f. vestiaire → ....

36 Utiliser l'adverbe de négation *ne*

Orthographe

● L'adverbe *ne* est le plus souvent **accompagné d'un autre mot** qui ne doit pas être utilisé seul.
*Je **ne** sais **pas**. Je **ne** dis **rien**. Je **ne** vois **personne**.*

● **Il ne faut pas oublier *ne*,** en particulier :
– dans la locution restrictive ***ne... que*** : *Il **ne** vient **que** le lundi.* = *Il vient seulement le lundi.*
– dans les phrases négatives utilisant le pronom sujet ***on*** suivi d'un verbe commençant par une voyelle : *On **n'**a **pas** vu ce film.* → En remplaçant *on* par *il*, il est possible de repérer le *n'* : *Il **n'**a **pas** vu ce film.*

● *Ne* est **parfois utilisé seul**, sans valeur négative, ni grammaticale (on l'appelle alors *ne* explétif) : *Je crains qu'il **ne** vienne.* = *Je crains qu'il vienne.* À distinguer de : *Je crains qu'il **ne** vienne **pas**,* qui est de sens négatif.

1 Complète le texte suivant avec *on* ou *on n'*.

.... allait se cotiser pour avoir un trésor de guerre. « .... y peut rien. Ça te coûtera une gifle ou deux, mais .... a rien pour rien en ce bas monde, et puis si .... a gueulé tant qu'......... a pu avant que les vieux ne tapent, ils n'osent pas taper si fort. Si .... est allé acheter pour deux sous de moutarde, ... en prend que pour un rond et .... raconte qu'......... a eu que ça. »

D'après L. Pergaud, *La Guerre des boutons* (1912) © Mercure de France, 1963.

2 Complète les phrases avec *on* ou *on n'*.

a. Ah ! si .... avait quelqu'un pour recoudre les boutons ! – **b.** .... a jamais de sous. – **c.** .... est en République. .... est pas tous égaux ? – **d.** .... a plus recommencé.

3 Ce texte est incorrect. Réécris-le en ajoutant *ne* quand il le faut.

Au moment d'entrer chez lui, il s'aperçut qu'il avait pas pris sa clef. Il craignit que personne soit là pour lui ouvrir. Il sonna. Personne ouvrit. Il restait qu'une solution. Escalader un étage et rentrer par la fenêtre ouverte. Il hésita que quelques secondes, et pensa que s'il était pas un héros, il était pas non plus un lâche.

> Il manque sept fois « ne ».

....
....
....
....
....
....

37 Vocabulaire
Déterminer l'origine d'un mot

- Les mots de la langue française sont pour l'essentiel **d'origines latine, celte** (*chemin, chêne, cloche*...) **et germanique** (*guerre, blanc*...), porteurs des traces de l'histoire ancienne.

- Des savants du XVIe siècle ont enrichi la langue française en créant des mots à partir de **racines grecques** (*périphrase, lyrique, ode*...) **et latines** (*exceller, inversion*...).

- D'autres mots ont été empruntés à diverses époques à des langues étrangères : **arabe** (*zéro, hasard, alcool*...), **italien** (*piano, graffiti, opéra*...), **espagnol** (*bizarre, sieste*...).

- Ces mots gardent souvent la **trace « muette » de leur origine** : c'est le problème des lettres muettes, des consonnes doubles...

- De façon récente, de nombreux **mots anglais** et **américains**, entrés dans la langue française, posent aussi quelques problèmes de décalage entre oral et écrit. Certains conservent la forme anglaise (*tee-shirt* ou *steak*) alors que d'autres ont été « francisés » (*bifteck* ou *bol*).

1 Lis ces articles du dictionnaire, puis réponds aux questions.

> **BOUQUIN** n. m. – 1459 ; néerl. *boek* « livre » **1.** Vieux livre. **2.** (XIXe) FAM. Livre.
> **CHEVAL, AUX** n. m. – fin XIe ; lat. *caballus* « mauvais cheval » (mot gaul., qui a supplanté le class. *equus*). Grand mammifère à crinière domestiqué par l'homme.
> **EXAMEN** n. m. – 1339 ; mot lat. « aiguille de balance », de *exigere* « peser ». Action de considérer, d'observer avec attention.
> **VASISTAS** n. m. – 1760 ; all. *was ist das ?* « qu'est-ce que c'est ? », question posée à travers un guichet. Petit vantail mobile pouvant s'ouvrir dans une porte ou une fenêtre.
>
> D'après *Le Petit Robert* © Dictionnaires Le Robert – SEJER, 2004.

> Quand le mot d'origine est identique au mot français, il n'est pas répété dans l'article du dictionnaire.

a. Lequel de ces mots n'a subi aucune modification par rapport au mot d'origine ? .... – b. Lequel a subi des modifications orthographiques, mais a gardé une prononciation proche ? .... – c. Lesquels ont subi des transformations importantes ? .... – d. Lesquels ont un sens éloigné de celui du mot d'origine ? .... – e. Lesquels ont un sens très proche de celui du mot d'origine ? ....

2 Complète les phrases avec les mots de la liste suivante, qui sont des mots latins utilisés en français : *lapsus – quiproquo – alinéa – et cetera*.

a. Il y avait une multitude d'objets : assiettes, verres, bouteilles, ...

b. Vous avez dit un mot pour un autre, c'était un ....

c. Le comique de situation peut reposer sur un ....

d. Quand tu vas à la ligne, n'oublie pas de faire un ....

38 Vocabulaire
Former des mots par dérivation

Trois termes permettent d'expliquer la formation des mots : radical, préfixe, suffixe.
En ajoutant au radical préfixes et suffixes, on forme des mots par **dérivation**.

• Le **radical** est l'élément de base à partir duquel ont été créés des mots formant une **famille**.
Chant, chanter, chanteur, enchanteur... → ces mots forment une famille, *chant* est le radical commun, l'élément de base.

• Le **préfixe** est un élément qui s'ajoute à gauche du radical.
Permettre, commettre, admettre... → *per-, com-, ad-* sont des préfixes qui, placés à gauche de l'élément de base, forment des mots de la même famille que *mettre*.

• Le **suffixe** est un élément qui s'ajoute à droite du radical.
Porteur, portable, portatif... → *-eur, -able, -atif* sont des suffixes qui, placés à droite du radical, forment des mots de la même famille que *porter*.

1 En changeant le préfixe de chaque verbe, trouve son contraire (antonyme).

a. inspirer → .... e. émigrer → ....
b. détacher → .... f. déménager → ....
c. apprécier → .... g. dissuader → ....
d. apporter → .... h. exploser → ....

2 Ajoute un suffixe aux mots suivants en suivant les indications entre parenthèses.

a. délicat → *(nom)* .... → *(adverbe)* ....
b. maître → *(nom féminin)* .... → *(verbe)* ....
c. dent → *(nom d'une profession)* .... → *(adjectif)* ....
d. élégant → *(nom)* .... → *(adverbe)* ....

> L'ajout d'un suffixe modifie parfois l'orthographe de la fin du mot d'origine.

3 Donne le sens de chaque préfixe, puis donne un exemple de mot formé avec ce préfixe.

a. poly = ... exemple : ....
b. kilo = ... exemple : ....
c. mono = ... exemple : ....

4 Dans chaque série, raye l'intrus et indique le suffixe commun aux autres mots.

a. chaleur – fraîcheur – voleur – heure – valeur – froideur : ....
b. sentiment – aucunement – brusquement – gentiment – affreusement : ....
c. bleuâtre – jaunâtre – blanchâtre – noirâtre – psychiatre : ....

39 Vocabulaire
Distinguer champ lexical et champ sémantique

• **Le champ sémantique est l'ensemble des sens d'un mot**. La plupart des mots sont polysémiques (c'est-à-dire qu'ils peuvent avoir plusieurs sens).
Champ sémantique du nom masculin *loup* : *un loup* = animal mammifère ou poisson vorace ; *un vieux loup de mer* = vieux marin ; *mon petit loup* = terme affectueux ; *un loup de velours* = masque…

• **Le champ lexical est l'ensemble des mots qui, dans un texte, se rapportent à une même notion**, une même idée, un même thème.
Champ lexical de la lumière : *lampe, feu, soleil, jour, éclair*…

1 Lis cet article du dictionnaire, puis définis le champ sémantique du nom féminin *livre*.

LIVRE n. f. – Xᵉ *livra* ; lat. *libra* **1.** ANCIENNT Unité de masse, qui variait, selon les provinces, entre 380 et 550 grammes. *La livre se divisait en onces.* – MOD. Un demi-kilogramme ou cinq cents grammes. *Acheter une livre de fraises.* […] **2.** Ancienne monnaie de compte, représentant à l'origine un poids d'une livre d'argent, et moins de cinq grammes à l'établissement du système métrique (1801). […] *La livre tournois valait vingt sous.* **3.** MOD. Unité monétaire du Royaume-Uni. *La livre vaut cent pence.* […]

Tu dois trouver trois sens.

Le Petit Robert © Dictionnaires Le Robert – SEJER, 2004.

....
....

2 Lis ce début de poème, puis réponds aux questions.

On **tangue** on **tangue** sur le **bateau**
La lune la lune fait des cercles dans l'**eau**
Dans le ciel c'est le **mât** qui fait des cercles
Et désigne toutes les étoiles du doigt
Une jeune Argentine accoudée au **bastingage**
Rêve à Paris en contemplant les phares qui dessinent la **côte** de France […].

B. Cendrars, *Feuilles de route* © Denoël, 1924.

a. À quel champ lexical les mots en gras appartiennent-ils ? ....

b. Relève les mots d'un autre champ lexical que tu nommeras. ....
....

3 Dans la liste suivante, raye les mots n'appartenant pas au champ lexical de la joie.

rire – bonheur – sourire – tristesse – s'amuser – deuil – plaisir – gaieté – entrain – larmes – jubiler – pleurer – rayonner – se réjouir.

40 Vocabulaire
Distinguer sens dénoté et sens connoté

- On appelle **dénotation** ou sens dénoté **le sens propre** d'un mot, son sens premier dans le dictionnaire : *Le vison est un mammifère du genre putois.*

- On appelle **connotation** ou sens connoté **la valeur particulière dont peut se charger un mot en fonction du contexte** dans lequel il est utilisé : *Cette femme portait un manteau de vison.* → l'idée de richesse est suggérée : le vison connote la richesse. La connotation s'ajoute à la dénotation ; elle est **subjective** et correspond à toutes les impressions, sensations, images que peut suggérer un mot dans un contexte particulier. Ainsi, le *vison* pourrait tout aussi bien connoter la douceur ou la chaleur.

1 Relie chaque mot à sa connotation.

pôle Nord • • liberté

vacances • • richesse

diamant • • froid

2 Dans chaque série, raye le mot qui est connoté négativement.

a. un cheval – une rosse – un pur-sang – un étalon – une jument – un coursier.

b. un patelin – un village – un hameau – une ville – une métropole.

3 Lis ce texte, puis réponds aux questions.

> En venant à Paris, César Birotteau savait lire, écrire et compter, mais son instruction en était restée là [...]. Il épousa forcément le langage, les erreurs, les opinions du bourgeois de Paris qui admire Molière, Voltaire et Rousseau sur parole, qui achète leurs œuvres sans les lire ; qui soutient que l'on doit dire « ormoire », parce que les femmes serraient dans ces meubles leur « or » et leurs robes autrefois presque toujours en « moire », et que l'on a dit par corruption « armoire ».
>
> H. de Balzac, *César Birotteau*, 1837.

a. Dans le dictionnaire, cherche le sens dénoté de :

– or : ....

– moire : ....

b. De quelles connotations ces mots sont-ils chargés ?

– or : ....

– moire : ....

c. D'après le texte, quelles connotations s'attachent aux noms de Molière, Voltaire et Rousseau dans l'esprit du « bourgeois de Paris » ?

....

41 Vocabulaire
Distinguer synonymes, antonymes, homonymes et paronymes

• Des **synonymes** sont des mots de **sens voisins** et de même classe grammaticale : *peur* et *frayeur* sont deux noms synonymes.

• Des **antonymes** sont des mots de **sens contraires** et de même classe grammaticale : *grand* et *petit* sont deux adjectifs antonymes.

• Des **homonymes** sont des mots qui **se prononcent de la même façon** mais qui possèdent des sens différents : *vert* et *verre* sont des homonymes.

• Des **paronymes** sont des mots **proches par la prononciation ou l'orthographe** mais de sens différents : *affluence* et *influence* sont des paronymes.

1 Complète les phrases avec un synonyme du mot entre parenthèses. Choisis parmi les mots de la liste suivante : *espiègle – froissé – prolixe*.

a. Il a pu être très (vexé) .... par leurs paroles trop directes. – b. Mon voisin est terriblement (bavard) .... ! – c. Marc dissimule son caractère (farceur) .... sous un air sévère.

2 Complète le tableau suivant.

	Synonyme	Antonyme
succès	....	....
tristesse	....	....

3 Complète les phrases avec des homonymes des mots suivants : *chêne – mite – air*.

a. Nous nous arrêtons sur une .... de service de l'autoroute.

b. Les .... de la religion grecque sont captivants.

c. Les galériens portaient de lourdes ....

Attention, l'orthographe va changer.

4 Choisis parmi les paronymes celui qui convient pour compléter chaque phrase.

a. *induire* ou *enduire* ? Il a été .... en erreur. – Les peintres doivent .... le mur avant de le laquer.

b. *irruption* ou *éruption* ? Tu as fait une brutale .... dans la salle. – Le Vésuve est entré en .... en 79 après J.-C.

c. *incident* ou *accident* ? Un grave .... a eu lieu sur l'autoroute. – Tout cela peut se résumer en un .... diplomatique sans conséquence grave.

Distinguer mot générique et mot spécifique

Vocabulaire

- Les **mots spécifiques** désignent des **objets particuliers** : *cerise, fraise, abricot...* ; *rose, jacinthe, tulipe...* ; *chêne, tilleul, platane...*
- Les **mots génériques** désignent des **ensembles** : *fruits, fleurs, arbres...*
Un mot générique peut remplacer une série de mots spécifiques :
*Tu trouves tous les **commerces** dans cette rue.*
Un mot générique peut résumer une longue énumération :
*Chênes, hêtres, marronniers, châtaigniers, tous ces **arbres** se trouvent dans la forêt.*

1 Lis le texte, puis réponds aux questions.

> La table était splendide. Hors-d'œuvre ; **truites et saumons des rivières du pays** ; jambon rôti à l'écossaise ; ramiers, cuissot de chevreuil, pattes d'ours ; langue fumée ; cochon de lait farci à la rissole et saupoudré de farine de tapioca ; légumes verts, choux-palmistes, gombos en salade ; tous les fruits, nature et confits.
>
> B. Cendrars, *L'Or* © Denoël, 1925.

a. Relève trois mots génériques. ....

b. Quel mot générique peut désigner l'ensemble des mots en italique ? ....

c. Remplace les mots en gras par un terme générique. ....

2 Relie chaque nom générique à une liste de mots spécifiques.

cri • • claquement, grincement, explosion, frôlement

vêtement • • croassement, rugissement, coassement, mugissement

bruit • • charpentier, menuisier, architecte, peintre, boulanger

métier • • imperméable, veston, écharpe, chemisier

3 Pour chaque mot générique, donne trois noms spécifiques.

a. animal domestique : ....

b. art : ....

c. les mois de l'été : ....

4 Pour chaque série de mots spécifiques, donne un nom générique.

a. Europe, Afrique, Asie, Amérique : ....

b. mouche, moustique, frelon, guêpe, abeille : ....

c. football, tennis, volley, basket, cyclisme : ....

> Donne le nom générique le plus précis possible.

43 Vocabulaire
Reconnaître des figures de style

Les figures de style sont des procédés d'expression qui visent à produire un effet.

● Les **figures de ressemblances** établissent des relations entre les éléments :
– la **comparaison** : *Il est beau comme un dieu.* → mise en relation à l'aide d'un outil de comparaison (*comme*) ;
– la **métaphore** : *Des perles de cristal brillent sur les feuilles.* → mise en relation implicite des gouttes d'eau et des perles de cristal ;
– la **personnification** : *L'arbre se tord.* → l'arbre a un comportement humain.

● Les **figures de substitution** désignent un élément sous une autre dénomination (ex. la **périphrase** : *La messagère du printemps est arrivée.* → on remplace un terme – l'hirondelle – par une expression de même sens).

● Les **figures d'insistance** mettent en valeur un élément (ex. l'**anaphore** : *Demain, nous partirons à l'aube, / Demain, nous prendrons les chemins…* ; l'**énumération**).

● Les **figures d'opposition** mettent en valeur un contraste (ex. l'**antithèse** : *l'avarice perd tout en voulant tout gagner* ; l'**oxymore** : *une obscure clarté*).

1 Lis le poème, puis réponds aux questions.

Mignonne, allons voir si la rose
Qui ce matin avait déclose
Sa robe de pourpre au soleil
A point perdu cette vesprée
Les plis de sa robe pourprée
Et son teint au vôtre pareil.

Las ! voyez comme en peu d'espace
Mignonne, elle a dessus la place
Las, las ses beautés laissé choir !
Ô vraiment marâtre Nature,
Puisqu'une telle fleur ne dure
Que du matin jusques au soir ! [...]

P. de Ronsard, *Odes*, 1550-1556.

a. Encadre tous les mots qui personnifient la rose.

b. « Et son teint au vôtre pareil » : de quelle figure de style s'agit-il ? ....

c. Relève une métaphore. ....

d. Que désigne-t-elle ? ....

e. Souligne les deux vers qui commencent de la même façon. À ton avis, pourquoi le poète a-t-il fait ce choix ? ....
....

2 Relie chaque mot à la périphrase qui lui correspond.

le poète   ●   ●   la Venise du Nord

Napoléon   ●   ●   le prince des nuées

Amsterdam   ●   ●   le petit serpent ailé

le moustique   ●   ●   le Petit Caporal

> Quand on remplace un nom propre par une périphrase, les mots qui la composent ont une majuscule.

44 Vocabulaire
Analyser une image

● Pour analyser une image, il faut :
– **identifier** le type d'image (peinture, illustration, photographie…), le genre (nature morte, portrait, paysage…), la technique utilisée (aquarelle, encre...), le support (toile, affiche...), les dimensions de l'œuvre, son auteur et son époque ;
– **repérer les éléments constitutifs** de l'image : les différents éléments représentés, la composition et le cadrage (lignes, plans), la perspective, les couleurs (valeur et rapport entre elles), les formes et la lumière, le rapport au réel ;
– **analyser les buts recherchés** (émouvoir, informer, divertir…) ;
– **tenir compte du titre** qui peut modifier l'interprétation de l'image, éclairer son sens…

1 Observe l'image, puis réponds aux questions.

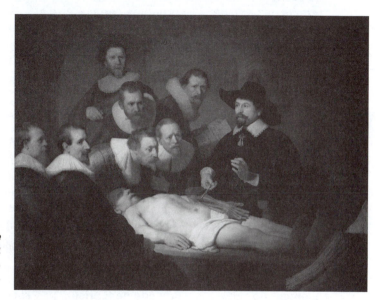

Rembrandt, *La Leçon d'anatomie du docteur Tulp*, 1632 (musée Mauritshuis, La Haye). Huile sur toile (169 cm x 216 cm).

a. Quel type d'image observes-tu ? ....
b. Quelle est la technique utilisée ? ....
c. Quel est le support de cette image ? ....
d. Quelles en sont les dimensions ? ....
e. Qui en est l'auteur ? ....
f. Quelle est son époque ? ....
g. Quel est le sujet de l'œuvre ? ....
h. Quelle place occupe le docteur, et qu'est-ce qui le distingue des « élèves » ? ....
....

2 Ce tableau te semble-t-il réaliste ? Justifie ta réponse.
....
....

45 Expression écrite
Repérer et utiliser des procédés de reprise

• Les procédés de reprise désignent les **termes qui remplacent ou rappellent** un élément déjà nommé dans le texte (personne, chose ou idée), assurant ainsi la cohérence du texte dans son déroulement et évitant quantité de répétitions. On distingue les procédés de reprise grammaticaux et les procédés de reprise lexicaux.

• **Les procédés de reprise grammaticaux**
– **Reprises pronominales** : ce sont les pronoms reprenant un élément déjà nommé.
***Les enfants** jouet. **Certains** courent, **d'autres** sautent. **Tous** sont heureux.*
Le pronom indéfini *tous* est une reprise totale de *les enfants*, se substituant à la totalité des *enfants*. Les pronoms *certains* et *d'autres* sont des reprises partielles, se substituant seulement à une partie des *enfants*.
– **Adjectifs possessifs** : ***L'enfant** joue. **Sa** balle tombe dans l'eau.* → l'adjectif possessif *sa* renvoie au possesseur (*l'enfant*).

1 Lis le texte et réponds aux questions.

> Comment la passion du théâtre était-elle venue à Louis Cressé ? Il n'en confia la raison à personne, pas même à Baptiste. Celui-ci vit qu'on saluait avec respect cet homme décharné à la barbe pointue. **Son** grand-père savait se faire écouter des actrices. Dès qu'il pénétrait dans leur loge, elles se pendaient à **ses** basques. Certaines le recevaient en tenue légère. Mais ces coquines se couvraient vite quand elles apercevaient Baptiste. [...] Les unes ne pouvaient s'empêcher de rougir. D'autres se contentaient de hausser les épaules.
>
> P. Lepère, *La Jeunesse de Molière*, Folio Junior © Gallimard Jeunesse, 1999.

a. Complète le tableau.

Élément nommé dans le texte	Procédé de reprise pronominale totale	Procédé de reprise pronominale partielle
Louis Cressé	....	....
Baptiste	....	....
Les actrices	....	....

La reprise partielle ne concerne qu'un élément au pluriel dans le texte.

b. Quelle est la nature des déterminants en gras ? ....

c. À quel mot renvoie « son » (placé devant « grand-père ») ? ....

d. À quels mots renvoie « ses » (placé devant « basques ») ? ....

2 Réécris la phrase en remplaçant l'élément en italique par un pronom de reprise.

a. Les actrices l'écoutent. *Des actrices* sourient. → ....

b. Louis est savant. Baptiste sait *que Louis est savant*. → ....

c. Baptiste apprécie le théâtre. Il parle *du théâtre*. → ....

- **Les procédés de reprise lexicaux : les reprises nominales**
- **Synonymes ou mots génériques** : ils peuvent apporter un éclairage différent sur l'élément déjà nommé et ainsi remplacé.
*Louis Cressé, **son grand-père**...* → on comprend grâce à la reprise nominale *son grand-père* la relation de parenté entre *Louis Cressé* et *Baptiste*.
- **Périphrases** : elles permettent d'ajouter certaines connotations.
*Louis Cressé, **cet homme décharné à la barbe pointue**...* → le narrateur laisse imaginer un homme plutôt discret, qui « n'en impose » pas, ce qui contraste avec la suite du récit et étonne le lecteur.

3 Lis le texte et souligne les reprises nominales qui désignent Georges Pinel.

Georges Pinel, professeur en retraite, doit enseigner à Baptiste la littérature antique.

Georges Pinel n'était pas très vieux mais il paraissait hors d'âge. Il ressemblait à une chouette. Baptiste le connaissait déjà et il l'aimait beaucoup. Quelques dimanches, cet incurable misanthrope les avait emmenés au théâtre dans sa propre voiture. Le professeur nourrissait pour l'atmosphère orageuse de l'hôtel de Bourgogne une telle passion qu'il surmontait son horreur de la foule.

O.C.

4 Que t'apprennent ces reprises sur le personnage de Georges Pinel ?

....

....

5 Remplace le pronom *cela* par une de ces reprises nominales plus précises : *ce spectacle — ce résultat — ce choix — ce match — cette méthode.*

> C'est le sens qui doit guider ton choix.

a. Les joueurs de tennis ont bien joué. *Cela* fut passionnant. → ....

b. Il étudie les détails. *Cela* lui permet de résoudre les énigmes. → ....

c. Il a préféré jouer plutôt qu'étudier. *Cela* ne lui a pas réussi. → ....

d. Tu finis premier. *Cela* est vraiment mérité. → ....

e. Elle est allée voir *L'Avare*. *Cela* l'a enchantée. → ....

6 Complète ce texte en utilisant deux reprises nominales, un pronom personnel et deux adjectifs possessifs.

Victor Hugo a vécu au XIXᵉ siècle. .... a écrit *Notre-Dame-de-Paris*. .... était un écrivain engagé. .... livres montrent souvent comment les hommes les plus misérables vivaient à .... époque. .... a d'ailleurs écrit un livre intitulé *Les Misérables*.

46 Appliquer la concordance des temps

Expression écrite

 Appliquer la concordance des temps consiste à respecter des règles d'accord dans l'emploi des temps des verbes des phrases complexes.

- **Cas des subordonnées à l'indicatif et au conditionnel**

Verbe de la principale	Verbe de la subordonnée
présent ou futur de l'indicatif (je dis, je dirai...)	action simultanée : ind. présent (*que tu viens*)
	action postérieure : ind. futur (*que tu viendras*)
	action antérieure : ind. passé (*que tu venais*)
passé de l'indicatif (je disais...)	action simultanée : ind. imparfait (*que tu venais*)
	action postérieure : conditionnel présent (*que tu viendrais*)
	action antérieure : ind. plus-que-parfait (*que tu étais venu*)

1 Lis le texte, souligne les verbes à l'indicatif présent, puis réponds aux questions.

> Je forme une entreprise qui n'eut jamais d'exemple et dont l'exécution n'aura point d'imitateur. [...] Je sens mon cœur et je connais les hommes.
> Je ne suis fait comme aucun de ceux que j'ai vus ; j'ose croire n'être fait comme aucun de ceux qui existent. Si je ne vaux pas mieux, au moins je suis autre.
>
> J.-J. Rousseau, *Les Confessions*, 1782-1789.

a. Relève une proposition subordonnée dont l'action a lieu en même temps que celle de la principale. ....

À quel temps est son verbe ? ....

b. Relève une proposition subordonnée dont l'action est postérieure à celle de la principale. ....

À quel temps est son verbe ? ....

Deux subordonnées peuvent convenir comme réponses aux questions a et c.

c. Relève une proposition subordonnée dont l'action est antérieure à celle de la principale.

....

À quel temps est son verbe ? ....

d. Réécris la première phrase en commençant par « Je formais ». Effectue les transformations nécessaires. ....

....

2 Écris les verbes entre parenthèses à la forme qui convient.

a. Il imaginait qu'à sa publication prochaine, son livre n'*(avoir)* .... aucun succès.

b. Quand il *(s'ennuyer)* ...., il écrivait ses souvenirs.

c. Je sortirai la voiture quand tu *(ouvrir)* .... la porte du garage.

● Cas des subordonnées au subjonctif

Verbe de la principale	Verbe de la subordonnée au subjonctif
présent de l'indicatif (il faut...)	action simultanée ou postérieure : présent (*que tu viennes*)
	action antérieure ou postérieure : passé (*que tu sois venu*)
passé de l'indicatif (il fallait...)	action simultanée ou postérieure : imparfait (*que tu vinsses*)
	action antérieure ou postérieure : plus-que-parfait (*que tu fusses venu*)

Quand l'action exprimée dans la subordonnée est postérieure à celle exprimée dans la principale, le choix du temps dépend du sens.
*Je souhaite qu'il **finisse** demain.* = Je souhaite qu'il soit en train de finir demain.
*Je souhaite qu'il **ait fini** demain.* = Je souhaite qu'il ait déjà fini demain.

3 **Lis le texte et mets les verbes entre parenthèses aux temps et modes qui conviennent.**

Depuis que mon papa est mort, il a soin de la famille : de ma mère, de moi et de ma petite sœur. Avant que maman *(être)* .... malade, il la recommandait aux riches pour qu'on lui *(donner)* .... de l'ouvrage. Le maire me donne une robe tous les ans, et le curé me montre le catéchisme et à lire depuis que mon oncle leur a parlé.

P. Mérimée, *Colomba*, 1840.

4 **Réécris la 2ᵉ phrase en remplaçant « il la recommandait » par « il la recommande ».**

Avant que maman ....
.... de l'ouvrage.

5 **Coche la forme verbale qui convient.**

a. Bien qu'il ❏ **coure** ❏ **courût** vite, il n'était pas le meilleur. – **b.** Il faut de la lumière, pour que nous ❏ **voyons** ❏ **voyions** clair. – **c.** Il était nécessaire qu'il ❏ **aima** ❏ **aimât** assez les bêtes pour devenir vétérinaire. – **d.** Il faut que le livre ❏ **paraît** ❏ **paraisse** en janvier.

6 **Mets les verbes entre parenthèses à la forme qui convient en respectant toutes les règles de concordance.**

> Pour chaque phrase, regarde bien le temps du verbe de la proposition principale.

À travers les fenêtres, il vit que la pluie *(cesser)* .... depuis un moment. Il fallait maintenant qu'il *(sortir)* .... s'il ne *(vouloir)* .... pas rater son train. Bien qu'il *(hésiter)* .... encore un peu, il se dirigea vers la porte et l'ouvrit. Quelle ne fut pas sa surprise quand il *(apercevoir)* .... sur son paillasson un panier contenant un chiot endormi ! Il souleva délicatement le colis pour que l'animal ne *(se réveiller)* .... pas. Il se mit à le contempler, oubliant l'heure qui *(passer)* .... Le train ne comptait plus à présent pour lui !

47 Utiliser des connecteurs logiques et spatio-temporels

Expression écrite

Les connecteurs sont des **mots-outils** qui permettent de mettre en évidence l'organisation d'un texte, sa progression. On peut distinguer les connecteurs spatiaux, temporels et logiques.

● **Les connecteurs spatiaux** permettent de se repérer dans l'espace : *ici, là, devant, à gauche, en dessous…* Ils sont utilisés surtout dans les énoncés descriptifs ou explicatifs.

● **Les connecteurs temporels** permettent de suivre la progression chronologique d'un énoncé : *d'abord, ensuite, enfin, aujourd'hui, demain…*

1 Souligne les connecteurs spatiaux et encadre les connecteurs temporels du texte suivant.

Le sentier, d'abord, montait entre des terrains vallonnés comme la pelouse d'un parc, puis arrivait sur un plateau où alternaient des pâturages et des champs en labour. Çà et là, un grand arbre mort faisait sur l'air bleu des zigzags avec ses branches.
Presque toujours on se reposait dans un pré, ayant Deauville à gauche, Le Havre à droite et en face la pleine mer.

G. Flaubert, « Un cœur simple », in *Trois contes*, 1877.

● **Les connecteurs logiques** permettent la mise en relation de deux idées, deux faits, et précisent le lien logique existant entre eux : cause, conséquence, opposition…
Ils assurent l'organisation et la cohérence du texte.
Il existe de nombreux connecteurs logiques. Voici les plus courants.

Relations logiques	Conjonctions de coordination	Adverbes ou locutions	Conjonctions de subordination
Cause	car	en effet…	parce que, puisque, comme…
Conséquence	donc	ainsi, c'est pourquoi, en conclusion…	si bien que, de sorte que, si… que, tant… que, tellement… que, sans que…
Opposition	mais, or	pourtant, cependant, néanmoins, au contraire…	quoique, bien que, même si, tandis que…
Addition, reformulation	et, ou	ensuite, en outre, de plus, c'est-à-dire, en un mot…	ainsi que, de même que…

2 En changeant le connecteur, transforme la relation de cause en relation de conséquence, sans changer le sens de la phrase.

a. Certains États s'inquiètent parce que la couche d'ozone diminue.

→ ....

b. Tu es venu de bon matin car tu redoutes la chaleur.

→ ....

3 Lis le texte et inscris tous les connecteurs dans le tableau ci-dessous.

> La proportion d'imbéciles et de malfaisants est une constante qu'on trouve dans tous les échantillons de population. [...] Car ce n'est pas seulement l'intérêt qui fait s'entre-tuer les hommes. C'est aussi le dogmatisme.
> En effet, rien n'est aussi dangereux que la certitude d'avoir raison. Rien ne cause autant de destruction que l'obsession d'une vérité considérée comme absolue. Ainsi tous les crimes de l'histoire sont des conséquences de quelque fanatisme. [...] Or cette froideur et cette objectivité qu'on reproche aux scientifiques, peut-être conviennent-elles mieux que la fièvre et la subjectivité pour traiter certaines affaires humaines. Car ce ne sont pas les idées de la science qui engendrent les passions, mais ce sont les passions qui utilisent la science pour soutenir leur cause. [...]
> On peut reprocher à certains scientifiques la fougue qu'ils apportent parfois à défendre leurs idées. Mais aucun génocide n'a encore été perpétré pour faire triompher une théorie scientifique.
>
> D'après F. Jacob, *Le Jeu des possibles* © Fayard, 1981.

Relations logiques	Connecteurs logiques
Cause	....
Conséquence	....
Opposition	....
Addition	....

> En général, les connecteurs logiques sont placés en début de phrase ou de proposition.

4 Les liens logiques sont implicites dans le texte suivant. Ajoute des connecteurs de manière à les mettre en évidence.

Ce bon geôlier [...], c'est la prison incarnée [...]. Tout est prison autour de moi ; .... je trouve la prison sous toutes les formes, sous la forme humaine comme sous la forme de grille ou de verrou. Ce mur ...., c'est de la prison en pierre ; cette porte ...., de la prison en bois ; ces guichetiers ...., c'est de la prison en chair et en os. La prison est une espèce d'être horrible, complet, indivisible, moitié maison, moitié homme. .... je suis sa proie, elle me couve, elle m'enlace de tous ses replis. .... elle m'enferme dans ses murailles de granit, me cadenasse sous ses serrures de fer, ... me surveille avec ses yeux de geôlier.

V. Hugo, *Le Dernier Jour d'un condamné*, 1829.

> Pour guider la progression dans une énumération, on peut utiliser des connecteurs temporels.

48 Expression écrite
Identifier un point de vue

La perspective selon laquelle une histoire est racontée, c'est-à-dire le point de vue adopté par le narrateur, peut donner des éclairages très différents sur cette histoire.

● Le point de vue est **externe** quand le narrateur est à l'extérieur de l'histoire – comme un spectateur – et ne raconte que ce qu'il voit et entend. Il en sait moins que les personnages.

● Le point de vue est **interne** quand le narrateur est à la place d'un des personnages, et ne connaît que les sentiments et les intentions de ce personnage.

● Le point de vue est **omniscient** quand le narrateur possède plus d'informations que les personnages : il peut alors connaître les sentiments et les intentions de plusieurs personnages.

● Il est cependant fréquent que les textes narratifs présentent des **variations de point de vue** au fil du récit.

1 **Dis selon quels points de vue est raconté le texte suivant et justifie ta réponse.**

> L'homme était parti de Marchiennes vers deux heures. Il marchait d'un pas allongé, grelottant sous le coton aminci de sa veste et de son pantalon de velours. Un petit paquet, noué dans un mouchoir à carreaux, le gênait beaucoup ; et il le serrait contre ses flancs, tantôt d'un coude, tantôt de l'autre, pour glisser au fond de ses poches les deux mains à la fois, des mains gourdes que les lanières du vent d'est faisaient saigner. Une seule idée occupait sa tête vide d'ouvrier sans travail et sans gîte, l'espoir que le froid serait moins vif après le lever du jour. Depuis une heure, il avançait ainsi, lorsque sur la gauche, à deux kilomètres de Montsou, il aperçut des feux rouges, trois brasiers brûlant au plein air.
>
> É. Zola, *Germinal*, 1885.

2 **Définis le point de vue de cet extrait et justifie ta réponse.**

> Hermann s'assit auprès de la fenêtre, et lui raconta tout. Elle l'écouta avec épouvante. [...] Pauvre enfant ! elle avait été l'instrument aveugle d'un voleur, du meurtrier de sa vieille bienfaitrice. Elle pleurait amèrement dans l'agonie de son repentir. Hermann la regardait en silence ; mais ni les larmes de l'infortunée, ni sa beauté rendue plus touchante par la douleur ne pouvaient ébranler cette âme de fer. [...] Ils demeurèrent longtemps sans se parler, sans se regarder. Le jour venait, Lisabeta éteignit la chandelle. Elle essuya ses yeux noyés de pleurs et les leva sur Hermann. Il était toujours près de la fenêtre.
>
> A. S. Pouchkine, *La Dame de pique*, 1833, trad. P. Mérimée.

3 Définis le point de vue de cet extrait, et dis quel est l'effet produit.

> Concarneau est désert. L'horloge lumineuse de la vieille ville, qu'on aperçoit au-dessus des remparts, marque onze heures moins cinq.
> C'est le plein de la marée et une tempête du sud-ouest fait s'entrechoquer les barques dans le port. Le vent s'engouffre dans les rues, où l'on voit parfois des bouts de papier filer à toute allure au ras du sol.
>
> G. Simenon, *Le Chien jaune* © 1931 Georges Simenon Limited, une société du groupe Chorion. Tous droits réservés.

Dans les trois premiers exercices, tu dois trouver au moins une fois chaque point de vue.

....
....
....

> Il faut également être attentif à un autre aspect du point de vue adopté par l'émetteur d'un énoncé. Il peut, en effet, **intervenir pour prendre position** sur les faits ou les événements énoncés en adoptant des tournures spécifiques.
>
> ● C'est ce que l'on appelle la **modalisation**. Par le choix des mots, on insiste :
> – sur la probabilité de l'information : *C'est **peut-être** un exploit. Cela **semble** un exploit.*
> – sur une appréciation personnelle : ***D'après moi**, c'est un exploit.*
>
> ● Les principales **marques de modalisation** sont :
> – les verbes *paraître, sembler, douter, devoir, pouvoir…* ;
> – des tournures impersonnelles comme *il est sûr, certain, évident que, il faut que…* ;
> – des adverbes : *sans doute, sûrement, peut-être, probablement, à coup sûr, heureusement…* ;
> – l'emploi de certains temps et modes verbaux comme le conditionnel ;
> – des marques d'énonciation : *d'après lui, à mon avis, selon les médecins…*

4 Souligne les marques de modalisation dans les phrases suivantes et précise ce qu'elles indiquent : appréciation ou probabilité.

a. Il se peut que le spectacle soit reporté à une date ultérieure. ➔ ....

b. D'après moi, il n'est pas possible d'arriver à l'heure. ➔ ....

c. Il est peut-être malade. ➔ ....

d. Malheureusement, il n'a pas réussi son examen. ➔ ....

5 Transforme les phrases suivantes de façon à introduire le point de vue de l'émetteur, en suivant l'indication entre parenthèses.

a. Il a lu ce journal plusieurs fois.

➔ *(appréciation)* ....

b. La tempête a tout emporté.

➔ *(probabilité)* ....

49 Expression écrite
Distinguer discours direct et indirect

• Le **discours direct** restitue les paroles telles qu'elles ont été formulées.
Il est repérable par la **ponctuation** (deux points, guillemets, tirets).
Il offre les caractéristiques de l'**énoncé ancré** (indices d'énonciation, verbes aux 1re et 2e personnes).
Un **verbe introducteur** de parole est placé avant ou après les paroles rapportées, ou en incise (à l'intérieur de celles-ci).
« Je viens vous voir, dit-il, parce que je passais par là ! » → on repère : le verbe de parole placé en incise (*dit-il*) ; l'énoncé ancré à la 1re personne ; les guillemets.

• Le **discours indirect** évite de couper le fil du récit en transformant les paroles en une proposition **subordonnée complétive** dépendant d'un verbe introducteur.
L'**énoncé** est **coupé** de la situation d'énonciation (verbes à la 3e personne, transformation des indicateurs de temps et de lieu).
Il disait qu'il venait les voir parce qu'il passait près de chez eux. → le verbe introducteur (*il disait*) joue le rôle de proposition principale ; le verbe de la subordonnée est à la 3e personne ; *par là* devient *près de chez eux*.

• Quand tu passes du discours direct au discours indirect, pense à appliquer la **concordance des temps**.

---

1 Indique pour chaque phrase si les paroles sont rapportées au discours direct ou indirect.

a. Le boulanger lui a demandé ce qu'il voulait. → ....

b. « Tu dors ? demande Marc.
– Non, je fais semblant », répond Éric, les yeux fermés. → ....

c. Il dit en regardant autour de lui qu'il reviendrait vite. → ....

2 Réécris les phrases suivantes en utilisant le discours indirect.

a. « Je suis arrivée hier et demain je retournerai chez moi. »

→ Elle disait ....

b. « Sarah, viendras-tu après-demain à la plage ? »

→ Il demandait ....

c. « Dans une semaine, je déménage. »

→ Il annonçait ....

d. « Quand pourras-tu venir me chercher ? »

→ Elle lui demande ....

e. « Tu n'as rien fait depuis la semaine dernière. »

→ Il lui disait ....

Pense aux changements de personnes et à la concordance des temps.

- Le **discours indirect libre** permet de rapporter des paroles **sans verbe introducteur ni proposition subordonnée**. Les verbes sont au temps et à la personne du discours indirect : *L'agent les menaçait. Des garnements comme ça, il allait bien les punir !* → la 2ᵉ phrase représente les paroles de l'agent, rapportées au discours indirect libre.

- **Le récit de paroles (ou discours narrativisé)** :
– résume les paroles de quelqu'un à l'intérieur d'une narration : *Il m'a interrogé sur mes parents.* → on connaît le sujet de la conversation mais on ne sait pas précisément quels mots ont été utilisés.
– signale simplement que des propos ont été tenus : *L'homme a fait une longue déclaration avant de sortir.* → on ne sait pas de quoi il a parlé.

3 Souligne les passages au discours indirect libre et délimite par des crochets le récit de paroles.

L'agent marmonnait. Il allait appeler leurs parents. Ils finiraient par comprendre ! Lui, ne pouvait plus tolérer leurs sempiternelles bêtises. Il déversa sur eux encore mille reproches et menaces. Il s'arrêta enfin à l'arrivée de son collègue.

4 Réécris les deux phrases en italique en utilisant le discours indirect libre.

Marie est venue me chercher et m'a demandé si je voulais me marier avec elle. *J'ai dit que cela m'était égal et que nous pourrions le faire si elle le voulait.* Elle a voulu savoir alors si je l'aimais. J'ai répondu que cela ne signifiait rien mais que sans doute je ne l'aimais pas. « Pourquoi m'épouser alors ? » a-t-elle dit. *Je lui ai expliqué que cela n'avait aucune importance et que si elle le désirait, nous pouvions nous marier.* Elle a observé alors que le mariage était une chose grave. J'ai répondu : « Non. »

A. Camus, *L'Étranger* © Gallimard, 1942.

a. ....
....
b. ....
....

5 Réécris le dialogue en utilisant le récit de paroles et en imaginant que Mischa s'adresse à un de ses amis : tu dois faire apparaître toutes les informations mais tu peux les formuler autrement.

– Comment tu t'appelles ? m'a demandé le type de l'immigration.
– Mischa Milgrom.
– Mischa ? C'est quoi, ça ? Tu t'appelleras Jack.

J. Spinelli, *Même pas juif !*, trad. L. Rigoureau © Hachette jeunesse, 2005.

Puisque Mischa s'adresse à un ami, il n'a pas besoin de dire son nom.

Le type de l'immigration m'a demandé ....
....
....

50 Expression écrite
Analyser un texte argumentatif

• Par un texte argumentatif, tu cherches à modifier l'opinion de quelqu'un, à le convaincre du bien-fondé de ton idée (de ta **thèse**) et à réfuter la sienne.
Un texte argumentatif s'inscrit dans une **situation d'argumentation** : qui argumente ? à qui s'adresse-t-il ? dans quelles circonstances ? dans quel but ?

• Il existe différents types d'arguments :
– les **arguments théoriques**, qui font appel à la raison des destinataires (en particulier par l'opposition des idées) ;
– les **exemples à valeur d'argument**, pour illustrer la thèse et prouver son exactitude (ces exemples peuvent être tirés de ta propre expérience, du cinéma, de la littérature…) ;
– les **arguments d'autorité**, qui consistent à citer ou évoquer un personnage célèbre dont les idées sont considérées comme incontestables.

1 Quelle thèse Voltaire cherche-t-il à prouver ? Coche la bonne réponse.

> Demandez à un crapaud ce que c'est que la beauté. Il vous répondra que c'est sa femelle avec deux gros yeux ronds sortant de sa petite tête, une gueule large et plate, un ventre jaune, un dos brun. […] Interrogez le diable, il vous dira que le beau est une paire de cornes, quatre griffes et une queue.
>
> Voltaire, « Le Beau », in *Dictionnaire philosophique*, 1764.

❏ Le « beau » est indéfinissable.
❏ Tous les goûts sont dans la nature.
❏ Les goûts du crapaud et du diable diffèrent.
❏ La notion de « beau » est très relative.

Lis toutes les propositions avant de choisir ta réponse.

2 Lis le texte et réponds aux questions.

> Mesdames et messieurs les jurés, vous devez aujourd'hui juger cette femme. Ce que j'ai à vous dire est simple : si elle a bien commis un vol, elle n'en est pas pour autant coupable, car le véritable coupable est la société ! En effet, personne ne naît voleur ou assassin, mais on le devient, à force de souffrances. **Le grand Victor Hugo a dit : « Tel a assassiné sur les grands routes qui, mieux dirigé, eût été le plus excellent serviteur de la société. »** Que penser alors de cette pauvre femme qui, voyant son petit enfant grelottant de froid malgré ses efforts pour le réchauffer, a mis sa propre liberté en péril pour le secourir ?

a. À ton avis, qui prononce ce discours argumentatif ? ....

b. Souligne le passage qui énonce la thèse, et relève les mot qui l'annoncent. ....
....

c. Délimite par des crochets la phrase qui énonce un argument théorique.

d. Quel est le type d'argument utilisé dans la phrase en gras ? ....

e. Quel sentiment l'orateur veut-il provoquer dans la dernière phrase ?............................

58

• Pour convaincre, l'argumentateur peut utiliser plusieurs **procédés rhétoriques** : les figures de style (anaphores, comparaisons…), les différents registres de langue (pathétique, ironique…), le type de phrases, l'interpellation directe (*tu, vous*), et les connecteurs logiques, pour que l'on puisse bien suivre la progression de l'argumentation.

3 Lis le texte, puis réponds aux questions.

> Monsieur le président, mesdames, messieurs les députés, j'ai l'honneur au nom du gouvernement de la République, de demander à l'Assemblée nationale l'abolition de la peine de mort en France. […] Demain, grâce à vous, la justice française ne sera plus **une justice qui tue**. Demain, grâce à vous, il n'y aura plus, pour notre honte commune, d'exécutions furtives, à l'aube […]. Demain, les pages sanglantes de notre justice seront tournées. […] Demain, vous voterez l'abolition de la peine de mort.
>
> Discours de R. Badinter devant l'Assemblée nationale (17 septembre 1981).

a. Qui prononce ce discours ? ....

b. À qui s'adresse-t-il ? ....

c. Dans quelles circonstances ? ....

d. Dans quel but ? ....

e. Sur quelle figure de style l'argumentation est-elle construite ? ....

f. Quelle est la figure de style utilisée dans l'expression en gras ? ....

4 Relie chaque argument (1, 2, 3) à l'exemple qui l'illustre (A, B, C), puis réponds aux questions.

1. Être à l'école avec les autres élèves, c'est apprendre à vivre en société.

2. Grâce à l'école, on peut choisir son avenir en toute connaissance de cause.

3. On acquiert, à l'école, un savoir indispensable pour la vie.

A. Beaucoup de métiers demandent des compétences qu'on ne peut acquérir si on n'a pas appris à lire, écrire, compter.

B. Il faut que tous respectent les règles : se mettre en rang, rester assis, lever la main.

C. L'école permet de découvrir une multitude de domaines et d'avoir des connaissances diversifiées ; elle aiguise et guide nos goûts.

a. Classe ces arguments, et indique par quel connecteur tu les relierais.

Argument n° ......   → Connecteur : ....   → Argument n° ......

→ Connecteur : ....   → Argument n° ......

b. Quelle thèse ces arguments défendent-ils ?

....

51 Expression écrite
Analyser un texte informatif et un texte explicatif

- **Le texte informatif renseigne, donne des informations** (un programme de télévision, par exemple, coïncide exactement avec cette définition).
Il est écrit à la **3ᵉ personne** et reste le plus **neutre** possible (sans marques de jugement) ; les connecteurs sont nombreux ; le vocabulaire est plus ou moins spécialisé. Un texte informatif peut appuyer une argumentation.

- **Le texte devient explicatif s'il répond à une question**, s'il cherche à faire comprendre et à expliquer (c'est la vocation des articles de dictionnaires ou d'encyclopédies, des manuels scolaires...).

1 Indique à la suite de chaque texte s'il est informatif ou explicatif.

a. Qu'est-ce qu'un connecteur ? Un connecteur est un mot-outil qui permet de mettre en évidence l'organisation d'un texte, sa progression. → ....

b. Comme tous les ans, cette année du 6 au 27 juillet, se tient à Avignon le festival dont la notoriété est internationale. → ....

c. Comment est financé le festival d'Avignon ? Le budget est financé pour environ 60 % par des subventions publiques, 35 % par les recettes de billetterie, et le reste par des financements privés et des ressources propres. → ....

d. Vacances tranquilles. En Europe, les professionnels du tourisme se mobilisent pour vous satisfaire. Hôtels, restaurants, cafés, campings... s'engagent dans une exigence de qualité. Leur site Internet vous donne tous les renseignements. → ....

2 Lis ce texte et réponds aux questions.

Grande figure du théâtre polonais et européen, Krystian Lupa, 62 ans, est un inconnu pour les amateurs d'opéra. Et pour cause. Cet inventeur du « réalisme magique » aborde le genre pour la première fois. [...] Né en Silésie en 1943, Krystian Lupa devient vite l'un des grands maîtres du théâtre polonais avec Andrzej Wajda. Il œuvre, depuis 1985, au théâtre Stary de Cracovie, dont la réputation dépasse, et de loin, celle de l'orgueilleux Narodowy de Varsovie. Les Français ont fait sa connaissance en 2000, au festival d'Avignon d'abord, puis au théâtre de l'Odéon, à Paris, à la rentrée 2006.

L. Liban, « La Flûte enchanteresse », in L'Express, n° 2869, 2006.

a. À quel temps sont la plupart des verbes ? ....

b. À quelle personne sont les verbes ? ....

c. Souligne les connecteurs.

d. S'agit-il d'un texte explicatif ou informatif ? ....

- **L'organisation du texte** informatif ou explicatif est, en général, fixe :
  – énoncé de la question (on présente le sujet) ;
  – exposé des éléments de l'information ou de l'explication (causes et conséquences) ;
  – éventuellement, une brève conclusion.

- **L'information progresse** alors que **le thème est constant** (on accumule les informations concernant un même sujet) ou **divisé en sous-thèmes** (on part d'un thème générique, comme les espèces menacées, et on poursuit avec des thèmes spécifiques, comme les éléphants, puis les baleines, etc.).

- Le texte doit être neutre, mais il peut y avoir un **contenu implicite**, rendu sensible par des connecteurs et des modalisateurs.

3 Lis cet article de journal et réponds aux questions.

> La coupe du monde de football a démarré le 6 juin dernier, avec son lot de surprises, de joies et de déceptions au fil des prestations des sélections nationales en compétition. En Afrique, hormis les représentants africains, les Bleus de la France demeurent l'équipe qui bénéficie le plus de la ferveur des supporters. Et pour cause, ils sont légion ici à considérer les poulains de Domenech comme une sélection africaine. En raison de la forte présence de joueurs d'origine africaine ou des DOM-TOM. Rien d'étonnant, donc, que les uns et les autres aient été divisés lors du match des Bleus contre le Togo.
>
> M. Boni Teiga, « L'Afrique aime les tricolores », in *Courrier international*, n° 817, 2006.

a. Quel est le thème de départ ? ....

b. Quel sous-thème est traité ensuite ? ....

c. Déduis-en de quelle manière progresse l'information. ....

....

d. Souligne les connecteurs et encadre les modalisateurs.

4 Remets dans l'ordre ces phrases, tirées d'un article intitulé « Le Curcuma, épice miraculeuse ».

a. En effet, elle vient d'une simple racine qui ressemble un peu au gingembre et qu'on réduit en une poudre très parfumée, d'un jaune soutenu.

b. Nous recherchons tous des produits miracles qui nous assureront santé et joie de vivre.

c. Ensuite, le curcuma contient une molécule connue pour ses propriétés anti-inflammatoires qu'utilise la médecine traditionnelle indienne.

d. Avant tout, cette épice indienne, connue depuis près de quatre mille ans, est l'une des moins chères qui soient.

e. Le curcuma est l'un d'entre eux et ses avantages se situent à différents niveaux.

f. Il purifie donc le foie, lutte contre les allergies, soigne le cancer, renforce l'immunité.

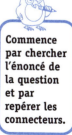

Commence par chercher l'énoncé de la question et par repérer les connecteurs.

1 = ... → 2 = ... → 3 = ... → 4 = ... → 5 = ... → 6 = ...

Index

A

accent circonflexe......... 38
accord
    adjectif de couleur 28
    participe passé..... 32 à 34
    sujet-verbe 30, 31
addition................. 52
adjectif qualificatif 28
adjectif verbal............ 29
adverbe............... 5, 52
aller 20
analyse d'image.......... 47
analyse d'un texte
    argumentatif........ 58, 59
    explicatif........... 60, 61
    informatif 60, 61
anaphore................ 46
antithèse 46
antonyme 44
apposition................ 6
après que 13
asseoir.................. 19
attribut.............. 10, 11
avant que 13

B

battre................... 18
but 15

C

causale 14
cause............... 14, 52
ce 8
champ lexical 42
champ sémantique 42
ci-joint 32
COD, COI, COS 10, 11

D

comme 31
comparaison............. 46
comparatif................ 7
complément
    circonstanciel... 11, 13 à 17
    de phrase 11
    de verbe 10, 11
    d'objet............ 10, 11
    du nom 6
    essentiel 11
concession 16
concordance des temps.... 50
condition................ 17
conditionnel 22, 24, 50
conditionnelle........... 17
conjonction
    de coordination 5, 52
    de subordination 5, 52
connecteur
    logique 52
    spatio-temporel 52
connotation.............. 43
consécutive.............. 14
conséquence....... 14, 15, 52
coordination 12
courir................... 19
croire 19

D

degrés de signification 7
dénotation............... 43
dérivation 41
déterminant 8
discours
    direct 56
    indirect 56
    indirect libre 57
    narrativisé............ 57

E

élément de reprise..... 48, 49
énoncé
    ancré 56
    coupé................ 56
énumération 46
épithète 6
expansion du nom......... 6

F

fait 33
famille de mots........... 41
figure de style............ 46
finale 15
fonction.................. 4
formation des mots 41
fuir 19

G, H

générique (mot) 45, 49
groupe nominal 6
groupe verbal.......... 9, 10
homonyme 44

I, J, K

image................... 47
indicatif
    futur................. 22
    futur antérieur 23
    imparfait 21
    passé antérieur......... 23
    passé composé 23
    passé simple........ 20, 21
    plus-que-parfait 23
    présent 18, 19
interjection 5
intransitif (verbe) 26
invariable (mot) 5
juxtaposition............. 12

L

le, la, les 8
leur. 8

M

même 35
métaphore. 46
mettre 18
mi. 28
modalisation. 55
mourir 19

N

narrateur 54, 55
nature 4
ne. 39
ni 31
nom composé. 27
nu. 28

O

opposition. 16, 52
origine des mots 40
ou. 31
oxymore 46

P

paronyme 44
participe passé .... 32 à 34
participe présent 29
périphrase. 46, 49
personnification 46
phrase complexe 12
phrase simple. 9
point de vue 54, 55
pour que 15

pouvoir 18
préfixe 41
préposition 5
procédé de reprise
    grammatical 48
    lexical 49
pronom 8, 30, 34
pronominal (verbe) ... 26, 34
proposition
    indépendante 9, 12
    principale 12
    subordonnée 12
proposition subordonnée
    circonstancielle .... 13 à 17
    complétive 24, 56
    relative 6

Q

quel(le) 36
qu'elle 36
quelque 37
quel que 37

R

racine des mots 40
radical 41
récit de paroles. 57
reformulation 52
reprise
    nominale. 49
    pronominale 48
rire 19
rompre. 18

S

semi. 28
sens connoté 43

sens dénoté 43
sens propre. 43
si 17
situation d'argumentation. . 58
spécifique (mot) 45
subjonctif 13, 19, 24, 51
subordination 12
suffixe 41
superlatif. 7
synonyme. 44, 49

T, U

temps. 13
temps composés 23
tenir. 20
thème 61
thèse 58
transitif (verbe). 25

V

vaincre. 18
valoir 18
variable (mot) 5
venir. 20
verbes
    en *-dre*. 18
    en *-guer*. 29
    en *-indre* 18
    en *-quer*. 29
    en *-soudre*. 18
    en *-tir*. 18
voir. 19
voix
    active. 25
    passive 25, 26
    pronominale. 26
vouloir. 18

MAQUETTE DE PRINCIPE : Frédéric Jély
MISE EN PAGE : Sabine Beauvallet
ÉDITION : Jeanne Boyer

Imprimé en France par CPI-Hérissey à Évreux - N° 109778
Dépôt légal n° 81211 - Octobre 2008